0567

Lei Complementar Tributária na Constituição de 1988

NORMAS GERAIS EM MATÉRIA DE LEGISLAÇÃO TRIBUTÁRIA E A AUTONOMIA FEDERATIVA

C2131   Canazaro, Fábio
         Lei complementar tributária na Constituição de 1988:
         normas gerais em matéria de legislação tributária e a au-
         tonomia federativa / Fábio Canazaro. – Porto Alegre:
         Livraria do Advogado Ed., 2005.
         115 p.; 14 x 21 cm.

         ISBN 85-7348-375-X

         1. Direito Tributário. 2. Lei Complementar. 3. Princí-
         pio constitucional. I. Título.

                                            CDU - 336.2

         Índices para o catálogo sistemático:

         Direito Tributário
         Lei Complementar
         Princípio constitucional

         (Bibliotecária responsável : Marta Roberto, CRB-10/652)

FÁBIO CANAZARO

Lei Complementar Tributária na Constituição de 1988

NORMAS GERAIS EM MATÉRIA DE LEGISLAÇÃO TRIBUTÁRIA E A AUTONOMIA FEDERATIVA

livraria
DO ADVOGADO
editora

Porto Alegre, 2005

© Fábio Canazaro, 2005

Capa, projeto gráfico e composição de
Livraria do Advogado Editora

Revisão de
Rosane Marques Borba

Direitos desta edição reservados por
Livraria do Advogado Editora Ltda.
Rua Riachuelo, 1338
90010-273 Porto Alegre RS
Telefax: 0800-51-7522
editora@livrariadoadvogado.com.br
www.doadvogado.com.br

Impresso no Brasil / Printed in Brazil

Esta obra é dedicada aos meus pais,
Garibaldi Canazaro e *Vera Canazaro*,
pelo incentivo e pela incessante contribuição
no desenvolvimento de estudos acerca do
Direito Tributário.

*Ao professor Dr. Humberto Ávila, mestre e amigo
que muito admiro. Pela dedicação dispensada
e pela especial atenção nos sempre
pertinentes aconselhamentos e críticas.*

*Ao querido amigo Adelino de Oliveira Soares,
pelo constante estímulo e pelas criteriosas
colaborações.*

Prefácio

O tema relativo às leis complementares em matéria tributária é antigo. Sobre ele já se debruçaram os grandes autores nacionais em obras de consistência teórica inquestionável, de que é exemplo o insuperável livro do Mestre José Souto Maior Borges. Mesmo assim, a mudança da realidade na qual as leis complementares vão atuar, com a multiplicação do número de entes federados e com o aumento da quantidade de leis por eles editadas, exige da Ciência do Direito uma releitura do assunto, tão complexos e novos são os problemas que surgem numa federação como a brasileira. Essa indispensável releitura, porém, só logrará êxito se tiver a capacidade de rever, de forma clara e congruente, os principais problemas relacionados à eficácia das leis complementares no Direito Brasileiro, sem, para isso, descuidar da posição atual da jurisprudência a seu respeito. É precisamente essa tarefa que Fábio Canazaro cumpriu, com propriedade e desenvoltura, na dissertação de mestrado, por mim orientada, que defendeu, com aprovação unânime, perante banca examinadora do Curso de Mestrado em Direito da Faculdade de Direito da Pontifícia Universidade Católica do Rio Grande do Sul, cujo corpo docente tive a alegria de integrar até meu ingresso por concurso público na centenária Faculdade de Direito da Universidade Federal do Rio Grande do Sul.

Em linguagem direta e clara, sem recurso a expressões inúteis, o autor inicia o tratamento deste relevante tema exatamente onde deveria começar - com a análise da relação entre as leis complementares e os princípios federativo e do Estado Democrático de Direito. Por meio dessa relação, o autor, advogado militante em Porto Alegre e com atuação destacada em instituições gaúchas de ensino e pesquisa, em especial da prestigiada Fundação Escola Superior de Direito Tributário, analisa as leis complementares como instrumentos asseguradores de uniformidade federativa e de segurança nas relações entre o fisco e o contribuinte. Após investigar essas notas gerais das leis complementares, o jovem autor concentra sua atenção no princípio federativo tal como positivado pela Constituição Federal de 1988, afastando-se, com isso, de um problema recorrente nos estudos doutrinários sobre o tema: a preferência pela análise de modelos ideais de federação, normalmente estrangeiros, em detrimento do exame do modelo concretamente adotado no Brasil. É por meio do exame do princípio federativo que o autor separa as leis complementares que servem de instrumento de atuação legislativa da União Federal (leis federais) daquelas leis complementares que servem de veículo para a edição de normas destinadas a todos os entes federados (leis nacionais). A partir dessa distinção preambular, o autor examina os grandes problemas concernentes às leis complementares, notadamente aquele relacionado à hierarquia entre elas e as leis ordinárias, tema que sempre preocupou a doutrina e recebeu resposta no estudo pioneiro do Mestre José Souto Maior Borges, e ainda é objeto de disputas jurisprudenciais, como evidencia a divergência de posições do Supremo Tribunal Federal e do Superior Tribunal de Justiça a respeito do tema. Somente depois de examinar os problemas gerais relativos às leis complementares é que o autor, reforçado pelos fundamentos que buscou nos principais autores nacionais de Direito

Constitucional e Tributário e que cuidadosamente sistematizou, vai tratar das leis complementares tributárias nas principais funções exercidas por essas fontes no Direito Tributário brasileiro, notadamente a função de estabelecer normas gerais de Direito Tributário.

Todo esse caminho é percorrido pelo autor de forma clara, didática e atualizada, permitindo que ele não só sistematize congruentemente a matéria, mas, também, faça críticas a determinadas posições doutrinárias e proponha conceitos próprios de modo a chegar a conclusões específicas e pontuais ao final do trabalho. Essas conclusões, longe de estéril formulação teórica, podem servir de valioso instrumento para resolver vários problemas práticos que tanto atormentam os operadores do Direito Tributário numa época de instabilidade e complexidade legislativas como a nossa. É precisamente nesse contexto que surge oportuna e aconselhável a leitura da presente obra, que ocupará, pela sistematização e atualização que cuidadosamente empreende, seu devido lugar na literatura jurídica especializada.

Porto Alegre, maio de 2005.

Prof. Dr. Humberto Ávila

Professor de Direito Tributário, Financeiro e
Econômico dos cursos de graduação e pós-graduação
da Faculdade de Direito da UFRGS. Doutor em Direito
pela Universidade de Munique, Alemanha.

Sumário

Introdução 15

1. A Lei Complementar à luz do ordenamento constitucional de 1988 19

1.1. Competência para instituição da Lei Complementar . . . 19

1.2. Princípios constitucionais pertinentes à edição da Lei Complementar 21

1.2.1. O princípio Federativo e a autonomia Municipal . . 22

1.2.2. O princípio do Estado Democrático de Direito . . . 29

1.3. Requisitos constitucionais para a edição da Lei Complementar 33

1.3.1. Requisitos de existência da Lei Complementar . . . 33

1.3.2. O âmbito de validade pessoal da Lei Complementar . 38

1.3.3. As finalidades da Lei Complementar 41

1.3.3.1. A finalidade da Lei Complementar em face da hierarquia 42

1.3.3.2. A finalidade da Lei Complementar em face da eficácia dos dispositivos constitucionais 44

1.3.3.3. Proposta de utilização conjunta das duas teorias a respeito das finalidades da Lei Complementar 46

1.3.4. Proposta conceitual da Lei Complementar à luz da Constituição de 1988 48

1.3.5. A questão da hierarquia da Lei Complementar frente à lei ordinária 51

1.4. A previsão constitucional de utilização da Lei Complementar no Direito Tributário 57

1.4.1. A disposição sobre conflitos de competência 60

1.4.2. A regulação das limitações ao poder de tributar . . 63

1.4.3 O estabelecimento de normas gerais em matéria de legislação tributária 66

2. A Lei Complementar de normas gerais em matéria de legislação tributária 71

2.1. O campo de atuação e o destinatário das normas gerais . 71

2.2. O alcance das normas gerais de Direito Tributário no sistema constitucional 72

2.3. O conteúdo das normas gerais em face do ordenamento constitucional de 1988 77

    2.3.1. O significado da expressão "Norma Geral" 77

    2.3.2. Os limites materiais propostos à utilização das normas gerais na legislação tributária 80

    2.3.3. A definição das Normas Gerais em matéria de legislação tributária 88

2.4. O Código Tributário Nacional como instrumento de Normas Gerais 97

2.5. A possibilidade do estabelecimento de prazos decadenciais e prescricionais tributários pela Lei de Normas Gerais . . 102

Conclusão 107

Referências bibliográficas 113

Introdução

A Constituição da República Federativa do Brasil de 1988, em capítulo próprio, disciplinou o Sistema Tributário Nacional. A preocupação do constituinte com o trato dessa matéria refletiu-se basicamente através de três aspectos: o da delimitação das competências tributárias; o do estabelecimento de limitações ao exercício do poder de tributar; e o da repartição das receitas decorrentes da arrecadação, de forma eqüitativa entre a União, os Estados, o Distrito Federal e os Municípios. Entretanto, a Constituição por si só não poderia esgotar o tema: atribuiu, nesse caso, a um instrumento legislativo de atuação nacional a tarefa de regular as matérias de caráter geral dirigidas a todas as pessoas políticas detentoras de competência para instituir tributos. Desta forma, as normas gerais em matéria de legislação tributária encontram-se instrumentalizadas através das leis complementares.

Já de início, as dificuldades de interpretação e de aplicação das normas complementares emanadas do Poder Central sobre os entes da Federação mostram-se visíveis, pois a base do presente estudo é a Constituição Federal que proclama a autonomia das pessoas políticas – União, Estados, Distrito Federal e Municípios. Mesmo com o aprimoramento dos estudos acerca do Direito Tributário, as dúvidas a respeito de como são constituídas as normas e de quais os limites de sua atuação cresciam e despertavam o interesse na elaboração de

Lei Complementar Tributária na Constituição de 1988   15

uma solução que, sem aniquilar a distribuição das competências tributárias, viesse a atribuir utilidade à norma prevista no art. 146 da Constituição Federal vigente.

O presente trabalho tem como objetivo geral delimitar o campo de atuação da lei complementar em matéria de legislação tributária. Para tanto, será verificada qual a sua função dentro do ordenamento jurídico brasileiro – o que também implica analisar o princípio federativo, a autonomia municipal e o princípio do Estado Democrático de Direito.

Com relação ao princípio federativo e à autonomia municipal, serão examinados seus principais elementos, bem como será demonstrada a sua importância com relação à repartição dos poderes entre os entes da Federação. Em seguida, ambos serão relacionados com o princípio do Estado Democrático de Direito – o qual também será examinado à luz da Constituição – para que, ao final, possam ser colhidas conclusões a respeito da aplicabilidade da lei complementar tributária, instrumento legislativo que será conceituado em face do ordenamento. Além disso, serão esclarecidos pormenores relativos ao seu âmbito de validade pessoal, às suas finalidades e à sua utilização no ramo específico do Direito Tributário. Ainda será desvendada a questão da superioridade hierárquica da lei complementar frente à lei ordinária.

No tocante às normas gerais em matéria de legislação tributária, o objetivo é discutir a utilização deste instrumento nas relações de Direito Tributário. Para isso, destacamos a necessidade de que seja feita uma verificação uniforme sobre o campo de atuação e o destinatário dessas normas e sobre as regras constitucionais reguladoras da sua aplicação. A partir desse questionamento, serão definidas as funções exclusivas das normas gerais no âmbito do Direito Tributário. Por fim, pretendemos esclarecer a problemática a respeito da vinculação do Código Tributário Nacional às normas gerais, bem como a possibilidade de utilização do CTN, como instrumento de normas gerais, no trato das matérias relativas à prescrição e à decadência tributárias. Para chegar à proposição final, embasamo-nos em duas fontes. A primeira delas é a doutrinária – parte de idéias defendidas por doutrinadores, dentre eles Geraldo Ataliba, em contraposição a novas propostas, o que colaborará para determinar a teoria proposta pelo trabalho. A segunda fonte, de menor contribuição, é a jurisprudência do Supremo Tribunal Federal, órgão que, por ser o "Guardião da Constituição", tem a atribuição de julgar as questões inerentes às normas gerais em matéria de legislação tributária, interpretando a dicção constitucional a respeito do tão controvertido tema.

Para a elaboração do presente trabalho, analisamos as regras e os princípios pertinentes ao caso, de forma que o alcance do objetivo geral leve em consideração a significação atribuída àquelas normas sem anulá-las. Este trabalho visa a colaborar para que seja formada uma teoria sólida a respeito do conteúdo e do alcance das leis complementares de Direito Tributário, bem como das normas gerais em matéria de legislação tributária, conforme estabelece a Constituição Federal de 1988.

Lei Complementar Tributária na Constituição de 1988   **17**

1. A Lei Complementar à luz do ordenamento constitucional de 1988

1.1. COMPETÊNCIA PARA INSTITUIÇÃO DA LEI COMPLEMENTAR

Através de determinação constitucional, restaram por definidas as funções do Congresso Nacional no exercício da competência legislativa tríplice – ou seja: como constituinte derivado, na elaboração de emendas à Constituição; como legislador federal, no exercício da competência típica da União constitucionalmente atribuída, enquanto pessoa de direito público interno autônoma; e como legislador nacional, na função de elaborar normas gerais, inclusive em matéria de legislação tributária.

Ao examinarmos o âmbito de atuação legislativa do Congresso Nacional, notamos que parte da doutrina caracteriza-o como órgão que concentra dúplice função,[1] conjugando a segunda função de legislador ordinário em legislador federal e legislador nacional. Tal caracterização não se opõe à competência legislativa tríplice: a

---

[1] TORRES, Heleno Taveira. *Revista Dialética de Direito Tributário* n° 71, p. 85 ss. Refere o autor: "A doutrina faz alusão à 'dúplice' função do Congresso Nacional: ao exercer o poder de reforma, com poderes para alterar a fisionomia constitucional; e, como legislador ordinário, a partir das atribuições materiais de competência (...)."

Lei Complementar Tributária na Constituição de 1988 **19**

dúplice função é completada pela tríplice, já que as funções do legislador federal e do legislador nacional são bastante distintas, principalmente pela delimitação material do campo de atuação das normas. Não podem, por isso, ser aglutinadas na competência genérica para legislar.

A questão relativa à competência legislativa merece destaque: em momento algum, poderá ser afirmado que a lei complementar tributária é sempre uma lei nacional. A hipótese de predeterminação constitucional desse instrumento não chega a tal especificação, pois, conforme o caso concreto verificado, será determinada a função legislativa (nacional ou federal). Assim, a diferenciação ocorre, por exemplo, com a já mencionada lei complementar de normas gerais em matéria de legislação tributária. Em virtude da sua vinculação para com todos os entes da Federação – União, Estados, Distrito Federal e Municípios –, é norma eminentemente de caráter nacional. Já outras leis complementares tributárias, por apresentarem caráter de vinculação restrito a determinada pessoa política – como, por exemplo, no caso da instituição de empréstimos compulsórios em favor da União (art. 148 da CF/88) – são caracterizadas como leis complementares federais.

Assim, a ação legislativa, que obrigatoriamente a Constituição requer para tornar efetivos os preceitos da lei complementar, dependerá ora do instrumento legislativo lei federal, ora do instrumento legislativo lei nacional, conforme o caso materialmente descrito, ambos instrumento legislativos editados pelo Congresso Nacional, no exercício da competência constitucionalmente outorgada.

1.2. PRINCÍPIOS CONSTITUCIONAIS PERTINENTES À EDIÇÃO DA LEI COMPLEMENTAR

Feitas essas considerações iniciais sobre a competência legislativa, passaremos agora a examinar os princípios constitucionais fundamentais à edição da lei complementar. Para que tenhamos por perfeitamente delimitado o campo de atuação da lei complementar tributária, serão esclarecidos os limites desse instrumento e discutidos os aspectos que a diferenciam da lei ordinária – sem a aniquilação de princípios basilares ou estruturantes de nosso ordenamento. Para tanto, em um primeiro momento, é essencial equacionar os ditames constitucionais próprios relativos à edição da lei complementar com o princípio federativo, com a autonomia municipal e com o princípio do Estado Democrático de Direito.

O conteúdo ou a significação dos princípios jurídicos há muito tempo vem sendo amplamente abordado pela doutrina,[2] que sob diversos aspectos tem tratado esta espécie normativa. Por isso, antes de iniciarmos tal análise, será apresentada uma breve definição de princípios à luz da Ciência do Direito. No presente trabalho, nosso objetivo não é o de estabelecer um modelo de definição, mas tão-somente o de situar a espécie frente ao sistema, para justificar a sua necessidade no estabelecimento de fundamento à lei complementar de Direito Tributário.

No tocante à localização dos princípios diante do sistema, esclarecedora é a lição de Bandeira de Mello:

"(...) é, por definição, mandamento nuclear de um sistema, verdadeiro alicerce dele, disposição fundamental que se irradia sobre diferentes normas, com-

---

[2] Dentre outros, vide CANOTILHO, J. J. Gomes. *Direito Constitucional*, p. 1124 ss.

Lei Complementar Tributária na Constituição de 1988   **21**

pondo-lhes o espírito e servindo de critério para sua exata compreensão e inteligência, exatamente por definir a lógica e a racionalidade do sistema normativo, no que lhe confere a tônica e lhe dá sentido harmônico".[3]

Com maior profundidade, a norma princípio é estudada por Ávila. O autor diferencia os princípios das regras e determina critérios objetivos para melhor fundamentar a interpretação e a aplicação daquela espécie normativa, ao final conceituando-a como: "normas imediatamente finalísticas, primeiramente prospectivas e com pretensão de complementaridade e de parcialidade, para cuja aplicação se demanda uma variação da correlação entre o estado de coisas a ser promovido e os efeitos decorrentes da conduta havida como necessária à sua promoção".[4]

Portanto, os princípios são as normas jurídicas mais importantes do ordenamento: têm aplicação determinada diante dos fatos e concretizam seus fundamentos através de outros instrumentos normativos (regras). Também, diferentemente das regras, os fundamentos constantes dos princípios devem ser ponderados diante de outros princípios, relação que será justificada quando as prescrições estabelecidas pelos princípios federativo e o do Estado Democrático de Direito forem integradas ao conteúdo da lei complementar de Direito Tributário.

1.2.1. O princípio Federativo e a autonomia Municipal

Com relação à divisão de poderes, a Constituição de 1988, já no seu artigo 1°, declarou a forma de Estado

---

[3] BANDEIRA DE MELLO, Celso Antônio. *Curso de Direito Administrativo*, p. 771.

[4] ÁVILA, Humberto Bergmann. *Teoria dos Princípios - Da Definição à Aplicação dos Princípios Jurídicos*, p. 70.

composto.[5] Na República Federativa do Brasil – formada pela união indissolúvel dos Estados e Municípios e do Distrito Federal –, o poder é dividido e organizado, para a formação da vontade federal,[6] em três níveis, através de seu espaço territorial. Esse modelo de Estado tem origem na repartição da dimensão trilateral[7] dos poderes regionais referenciada no art. 18 da Constituição de 1988 –, o que reflete a forma de organização político-administrativa autônoma das pessoas políticas: União, Estados, Distrito Federal e Municípios. Assim, ao ser examinada a autonomia das pessoas políticas na esfera nacional, o modelo de princípio do Estado Federal não pode ser isoladamente estudado, já que este, no seu exato teor, é caracterizado apenas pela reunião dos Estados-Membros.[8]

A respeito de uma definição para a autonomia dos entes da Federação, a doutrina não chega a divergir. Na acepção da palavra, e em atenção ao objeto do presente estudo, a autonomia revela-se como a capacidade para expedir as normas que organizam, preenchem e desenvolvem o ordenamento jurídico dos entes públicos.[9]

No Estado brasileiro, a condição de autônomo é atribuída não só aos Estados mas também aos Municípios, o que caracteriza singularmente a Federação brasileira. Porém, não é somente a reunião dos Municípios

---

[5] Conforme ensina SILVA, José Afonso da. *Curso de Direito Constitucional Positivo*, p. 98.

[6] Sobre o tema, vide BARACHO, José Alfredo de Oliveira. *Teoria Geral do Federalismo*. p. 13.

[7] Nesse sentido, BONAVIDES, Paulo. *Curso de Direito Constitucional*, p. 314.

[8] BASTOS, Celso Ribeiro. *Curso de Direito Constitucional*, p. 155. Segundo leciona o autor, seria este o modelo clássico de federação originário da Convenção de Philadelphia, a qual deu origem, em 1787, a partir da união de treze ex-colônias inglesas, aos Estados Unidos da América.

[9] No Brasil podemos destacar, dentre outros, BARACHO, José Alfredo de Oliveira. *Teoria Geral do Federalismo*, p. 24. O Autor aponta como elementos da autonomia federativa: a existência de poderes governamentais próprios assentados em órgãos auto-organizados; a posse de competências exclusivas; e a capacidade originária de auto-organização.

Lei Complementar Tributária na Constituição de 1988   **23**

que forma a Federação e muito menos são estes essenciais ao regime adotado, até mesmo porque não poderia existir uma federação unicamente formada de municípios.[10] Por isso, para embasar o estudo da lei complementar de Direito Tributário, será sempre necessária a análise do princípio federativo e da autonomia municipal.

Estado Federal ou Federação é a reunião de coletividades regionais autônomas nominadas como Estados Federados, Estados-Membros ou simplesmente Estados.[11] É uma das formas de estado federado; a outra é a confederação de estados;[12] e, conforme o § 4° do art. 60 da Constituição de 1988, não poderá ser abolida através de emenda constitucional. Seu objetivo é distribuir o poder, descentralizando a competência legislativa,[13] para preservar a autonomia dos entes políticos que o integram: nada pode, nos limites da Constituição, ser exercido pelo poder mais amplo, quando pode ser exercido pelo poder local.[14]

Levando-se em conta o modelo nacional, as conceituações trazidas pela doutrina, muitas vezes oriundas de outros estados federados,[15] necessitam de um redimensionamento quando aplicadas no âmbito da República Federativa do Brasil. A diferenciação quanto a esse modelo é justificada, uma vez que autônomos, além dos Estados propriamente ditos, são também os

---

[10] Conforme o estudo proposto por SILVA, José Afonso da. *Curso de Direito Constitucional Positivo*, p. 473.

[11] SILVA, José Afonso da. *Curso de Direito Constitucional Positivo*, p. 99.

[12] BARACHO, José Alfredo de Oliveira. *Teoria Geral do Federalismo*, p. 13.

[13] Esta é a lição de HORTA, Raul Machado. *Estudos de Direito Constitucional*, p. 355.

[14] Nesse sentido, BASTOS, Celso Ribeiro. *Curso de Direito Constitucional*, p. 155.

[15] Sobre o tema, vide HORTA, Raul Machado. *Estudos de Direito Constitucional*, p. 355. Na Alemanha, por exemplo, o modelo de federalismo é o de equilíbrio, o qual se completa na distribuição da competência tributária entre a Federação e os Estados.

Municípios[16] – alteração material que, promovida pela Constituição Federal de 1988, merece destaque por ser o elemento-cerne que caracteriza o modelo singular brasileiro. A referida diferenciação, com relação à inclusão dos Municípios, é compreendida pela conjugação do art. 18 da Constituição de 1988, que outorga a esses entes participação na organização político-administrativa da Federação; do art. 29 da CF/88, que determina ser o Município regido por lei orgânica, votada por *quorum* qualificado de dois terços dos membros da Câmara Municipal – rigidez formal; e, finalmente, do art. 30 também da CF/88, que estabelece expressamente a matéria de competência dos Municípios.

A autonomia federativa em relação aos Municípios[17] possui dupla função. A primeira, que lhe é delegada pelo Poder Central, é exercida na qualidade de um dos integrantes da Federação – inclui-se aqui a competência tributária municipal; e a segunda, cuja liberdade de delegação já nasce dentro de sua própria esfera, refere-se aos interesses exclusivamente comunitários (normas próprias no âmbito citadino). Devido a essa dúplice função e à decorrente autonomia, há a necessidade de equacionalização principiológica não só com a autonomia estadual, mas também com a atribuída constitucionalmente aos Municípios, os quais têm igualmente sua competência tributária materialmente delimitada pela Constituição Federal de 1988.[18]

---

[16] Nesse sentido merece ênfase, mais uma vez, a doutrina de HORTA, Raul Machado. *Estudos de Direito Constitucional*, p. 407. O destaque é atribuído à não-participação do Município na repartição federal de competências, o qual, na Constituição Federal de 1988, em face da inédita adoção, mereceu espaço próprio para enumerá-la.

[17] BONAVIDES, Paulo, in *Curso de Direito Constitucional*, p. 314 e ss. Segundo o autor trata-se do *pouvoir municipal* originário da França de 1789, que com singularidades precisas determinou inovações profundas ao sistema constitucional de 88.

[18] A respeito de competência tributária, CARRAZZA, Roque. *Curso de Direito Constitucional Tributário*, p. 411 ss.

Lei Complementar Tributária na Constituição de 1988   **25**

A atribuição constitucional de autonomia aos Municípios foi norteada pelo princípio da predominância do interesse,[19] o qual é baseado na repartição do poder em consonância com o interesse de cada pessoa política. Sua aplicação, na prática, é concretizada da seguinte maneira: cabem à União as matérias de interesse geral ou federal; aos Estados e ao Distrito Federal, as inerentes ao predominante interesse estadual ou regional; e aos Municípios as relativas aos interesses locais. Em observância à condição de autonomia e a predominância do interesse, o legislador constitucional procurou dividir de forma eqüitativa a competência para instituição de impostos e outras espécies tributárias entre todos os integrantes da Federação.

A autonomia da União – enquanto pessoa de direito público interno –, dos Estados, do Distrito Federal e dos Municípios, nasce como a margem de discricionariedade de que as pessoas políticas gozam para decidir sobre os seus negócios; e revela, sempre em atenção à moldura definida pela Constituição Federal,[20] duas concepções. A primeira, na qual a Constituição Federal de 1988 outorga poder para a instituição de tributos, à União (arts. 148, 149, 153 e 154), aos Estados e ao Distrito Federal (arts. 149, § 1°, 155), e aos Municípios (arts. 149, § 1°, 156) – autonomia para legislarem mediante repartição de competências. A segunda, que se origina da primeira, é representada pela manutenção própria, decorrente do produto da arrecadação dos referidos tributos e ainda da partilha tributária prevista no art. 157 e nos artigos seguintes da Constituição – autonomia financeira e distribuição de receita.

Entretanto, essa autonomia concedida à União, aos Estados, ao Distrito Federal e aos Municípios não é absoluta, pois obviamente a Constituição Federal impõe

---

[19] Nesse sentido, SILVA, José Afonso da. *Curso de Direito Constitucional Positivo*, p. 476.

[20] BASTOS, Celso Ribeiro. *Curso de Direito Constitucional*, p. 284.

os limites ao seu exercício, tanto de forma imediata quanto de forma mediata. O mesmo legislador constitucional, em determinado momento, separou certos temas relativos aos interesses de todas as pessoas políticas; em outro, procurou harmonizá-los indistintamente. Tais matérias, que se encontram sob a guarda de um Poder Central, isto é, não isolado, são aquelas que, sem aniquilar o princípio federativo e a autonomia municipal mas em observância à efetividade de suas características,[21] estabelecem diretrizes ou normas gerais, de interesse de todas as pessoas políticas, em idêntica medida de predominância.

Ao estudar a repartição vertical de competências, Horta justifica a existência das normas gerais em face do pressuposto de distribuição da matéria legislativa em idêntica medida, entre a União Federal e os Estados-Membros. Neste sentido, afirma o Autor:

> "A repartição vertical de competências conduziu à técnica da *legislação federal fundamental*, de *normas gerais* e de *diretrizes essenciais*, que recai sobre determinada matéria legislativa de eleição do constituinte federal. A legislação federal é reveladora das linhas essenciais, enquanto a legislação local buscará preencher o claro que lhe ficou, afeiçoando a matéria revelada na legislação de normas gerais às peculiaridades e às exigências estaduais".[22]

---

[21] REIS, Elcio Fonseca. *Federalismo Fiscal - Competência Concorrente e Normas Gerais em Direito Tributário*, passim e BASTOS, Celso Ribeiro. *Curso de Direito Constitucional*, p. 156. Como características da Federação lançada pela Constituição Federal de 1988, relevantes à compreensão do nosso estudo, podemos elencar a rigidez constitucional e a impossibilidade de usurpação das competências locais; a descentralização político-administrativa constitucionalmente prevista; a existência de um órgão – no Brasil, o Senado – que, mesmo que parcialmente, já que os municípios não participam de forma direta, represente a vontade dos membros da Federação; autonomia financeira visando à independência perante o Poder Central; e a existência de um órgão constitucional encarregado do controle da constitucionalidade das leis, evitando-se assim as invasões de competência.

[22] HORTA, Raul Machado. *Estudos de Direito Constitucional*, p. 366.

Lei Complementar Tributária na Constituição de 1988

Justamente nesse caso, ocorre a já referenciada delegação de competência geral à União. Não aniquilando os poderes locais ou regionais, a União – na qualidade de poder central – regula de forma harmônica os interesses, sem a observância da distinção espacial entre União – na qualidade de ente da Federação –, Estados, Distrito Federal e Municípios, através da edição da lei complementar nacional. Portanto, essa espécie legislativa possui particular relevância, principalmente por integrar os entes da Federação, conforme estabelece o Texto Constitucional.

Quanto à questão da competência para instituir leis complementares nacionais – que inserem no sistema as normas gerais atinentes a todos os membros da Federação –, os limites impostos pelo Carta Magna devem ser analisados à luz da previsão constante no art. 24 da Constituição Federal de 1988, que divide a competência legislativa em concorrente e em suplementar. De acordo com os ensinamentos de Silva,[23] a competência concorrente é revelada na possibilidade, harmonizada ao modelo de federalismo do Brasil, de a União estabelecer, mediante lei complementar de integração constitucional, as normas gerais de atuação nacional, em primazia aos outros entes da Federação, incluindo-se aqui os Municípios. Mesmo com autonomia, a União, enquanto Poder Central, concorre com os entes parciais ao dispor sobre normas gerais. A competência suplementar garante às pessoas políticas – União, na qualidade de pessoa de direito público interno autônoma, Estados, Distrito Federal e Municípios – a possibilidade de elaborarem normas que esclareçam ou declarem o conteúdo da norma geral superior, considerando-se o seu caráter nacional. Conforme a comprovada necessidade, a garantia possibilita ainda que os legisladores parciais tomem a função do legislador central, objetivando suprir a ausência ou a omissão das normas gerais nacionais.

---

[23] SILVA, José Afonso da. *Curso de Direito Constitucional Positivo*, p. 479.

A julgar pelo que foi dito, é preciso reconhecer, para o caso em análise, a efetividade do princípio federativo e da autonomia municipal. Porém, a condição de autonomia deve ser ponderada devido à existência de um campo de atuação reservado concorrentemente à União – enquanto legislador nacional –, hipótese em que legisla sobre matéria de interesse de todas as pessoas políticas através da edição da lei complementar de normas gerais em matéria de legislação tributária. Ainda nesse sentido, a ponderação decorre da efetividade de outro princípio integrante da relação, o do Estado Democrático de Direito – que em conjunto com o princípio federativo e a autonomia municipal, terão o condão de evitar que qualquer aniquilamento ou invasão ocorra sobre as referidas competências autônomas fundadas na CF/88, bem como que as normas gerais, em face de restrições demasiadas, acabem sem espaço de atuação.

1.2.2. O princípio do Estado Democrático de Direito

Em seqüência à análise dos princípios que irão tornar mais ordenado o estudo da lei complementar tributária, é essencial que seja feito o exame do Estado Democrático de Direito, que em conjunto com o princípio federativo e a autonomia municipal, constitui a estrutura do sistema constitucional brasileiro.

Adequadamente dispôs o legislador constitucional quando estabeleceu, já nos arts. 1º e 3º da Constituição Federal, os elementos fundamentais e os objetivos do Estado Democrático de Direito. Quando estudamos a lei complementar tributária à luz das normas que estabelecem autonomia às pessoas políticas integrantes da Federação, a dignidade da pessoa humana, a construção de uma sociedade – livre, justa e solidária –, a garantia do desenvolvimento nacional e a redução das desigualdades sociais e regionais, são valores que sistematicamente devem ser observados.

Lei Complementar Tributária na Constituição de 1988 **29**

Dentre as concepções doutrinárias nacionais que embasam o melhor entendimento a respeito do Estado Democrático de Direito, esclarecedora é a posição adotada por Derzi, pois atribui destaque à característica ampla da referida expressão, não apenas sob o aspecto formal do regime, mas também sob o aspecto axiológico e teleológico impresso pela Constituição Federal de 1988. Afirma a autora que:

"compreendidos os seus fundamentos (art. 2°) e os seus objetivos (art. 3°), ao lado da forma, estão outros dados dela necessariamente integrantes, como a estrutura econômica e social, o desenvolvimento, a justiça e a igualdade, enfim, as metas a alcançar e os meios materiais utilizáveis. Enfim, Estado Democrático é antes noção de sistema político (ou de regime político, como prefere referir-se Burdeau), o qual abrange não só instituições governamentais formalmente consideradas, como ainda valores e diretrizes adotadas pela Constituição".[24]

Em outras palavras, a característica democrática dirige o sistema à realização dos valores igualdade e liberdade[25] e harmonia, cuja efetividade, através da lei, deve observar sempre o interesse coletivo na busca da equalização de condições desiguais. Essa redução de diferenças materiais, norteada pelos valores anteriormente elencados, é concretizada mediante a sujeição do poder a princípios e regras jurídicas,[26] como os que aqui estão sendo estudados.

---

[24] DERZI, Misabel. Esta é a posição adotada na revisão e complementação, à luz da Constituição de 1988, da clássica obra de Aliomar Baleeiro, *Limitações Constitucionais ao Poder de Tributar*, p. 9.

[25] Conforme afirma SILVA, José Afonso da. *Curso de Direito Constitucional Positivo*, p. 112.

[26] CANOTILHO J. J. Gomes. *Direito Constitucional*, p. 230 ss. Segundo o autor, o Estado Democrático de Direito tem sua dimensão delimitada por princípios e regras dispersos pelo Texto Constitucional, que garantem às pessoas e aos cidadãos liberdade, igualdade perante a lei e segurança. A título de exemplo do que o autor aponta e pode ser também aplicado ao

Além disso, o Estado Democrático de Direito está estreitamente interligado, no caso concreto, à idéia de liberdade dos entes da Federação e à idéia de garantia frente à possível formação de conflitos ou desigualdades, inclusive na esfera do Direito Tributário, entre a União, os Estados, o Distrito Federal e os Municípios – razão pela qual se justifica a edição de lei complementar, cuja função é a de padronizar, harmonizar e uniformizar[27] matérias de cunho geral aplicáveis a todas as pessoas políticas integrantes da Nação. Como tarefas fundamentais[28] aplicadas ao caso em estudo, o referido princípio revela a superação das desigualdades regionais e a instauração de um regime democrático que realize a justiça social. Com isso, será fornecida ao legislador a possibilidade real para estabelecer os limites que regularão o campo de atuação da lei complementar nacional de Direito Tributário em face da autonomia federativa. Ou seja, o princípio do Estado Democrático de Direito atua para o caso concreto como norma garantidora da segurança jurídica, na medida em que promove a busca de um ideal de estabilidade e previsibilidade no Sistema Tributário Nacional.

No tocante às invasões de competência, o princípio atua como elemento uniformizador, para preservar tanto os interesses dos contribuintes quanto os dos próprios entes da Federação, proclamando, em última análise, a harmonia fiscal.[29] Sob tal enfoque, a paridade entre as

---

nosso sistema, destacamos o princípio da constitucionalidade; o regime garantístico dos direitos liberdades e garantias; e a soberania e a vontade popular, refletidas pelo direito de voto, através da participação democrática dos cidadãos, entre outros.

[27] REIS, Elcio Fonseca. As normas gerais de direito tributário e a inconstitucionalidade do prazo de decadência e prescrição fixados pela Lei 8.212/91, *Revista Dialética de Direito Tributário*, n° 63, p. 43.

[28] SILVA, José Afonso da. *Curso de Direito Constitucional Positivo*, p. 122.

[29] TÔRRES, Heleno Taveira. Funções das leis complementares no sistema tributário nacional - hierarquia de normas - papel do Código Tributário Nacional no ordenamento. *Revista de Direito Tributário*, n° 84, p. 51e ss.

Lei Complementar Tributária na Constituição de 1988

entidades da Federação[30] – ou seja, a vedação em criar preferências, decorrente do princípio da igualdade, da uniformidade do desenvolvimento econômico e social e da justiça – será normatizada através da lei complementar de atuação nacional, em cujo universo materialmente delimitado poderão vir a ser uniformemente estabelecidas as diretrizes e normas gerais em matéria tributária, conforme a Constituição.

A título de exemplo, este é o exato sentido da Emenda Constitucional n° 37, que deu nova redação à regra do inciso I do § 3° do art. 156 da CF/88. O estabelecimento de alíquota mínima do imposto sobre serviços de qualquer natureza mediante lei complementar, ao contrário do que certa parte da doutrina em análise apressada tem afirmado, não se constitui em uma afronta à autonomia municipal, na medida em que, supostamente, estaria restringindo a competência tributária dos municípios. No presente caso, o princípio da autonomia municipal, assim como todos os demais princípios, não é pleno ou absoluto, e a sua interpretação ou o seu campo de atuação deverá estar harmonicamente relacionado a toda a Constituição – e naturalmente, ao princípio do Estado Democrático de Direito. Assim, agiu corretamente o legislador quando editou a Lei Complementar n° 116/03, que tem como objetivo suprimir as dificuldades muitas vezes gritantes entre os municípios, dando, mesmo que de forma parcial, um caráter de uniformidade na curva de variação das alíquotas do ISS, evitando, com isso, inclusive as disparidades decorrentes da tão combatida "guerra fiscal".

Portanto, harmonizar os princípios regedores da autonomia das pessoas políticas frente ao do Estado Democrático de Direito é importante para uniformizar o sistema, visando, através da lei, ao equilíbrio federativo e à efetivação da igualdade entre as pessoas políticas,

---

[30] SILVA, José Afonso da. *Curso de Direito Constitucional Positivo*, p. 474.

conforme almejado pela norma do art. 19, inciso III, da Constituição de 1988.

1.3. REQUISITOS CONSTITUCIONAIS PARA A EDIÇÃO DA LEI COMPLEMENTAR

Com base no princípio federativo, na autonomia municipal e no princípio do Estado Democrático de Direito – os quais atuam de forma estruturante e organizadora –, já é possível compreender a vinculação nacional a que é proposta, na maioria das vezes, a lei complementar de Direito Tributário. Em razão disto, passaremos, em seguida, a examinar o regime jurídico específico da espécie lei complementar, seus requisitos e sua finalidade dentro do sistema.

1.3.1. Requisitos de existência da Lei Complementar

Ao tratar da lei complementar e de suas condições de edição, a Constituição Federal de 1988 atribuiu requisitos de existência[31] expressos à espécie, o que a tornou diferenciada dos demais instrumentos legislativos – e principalmente da lei ordinária. O requisito material de existência ou, pelas palavras de Carvalho, o "pressuposto ontológico" de existência,[32] é delimitado no decorrer de toda o Texto Constitucional, em observância às matérias especificamente predeterminadas. O requisito formal de existência está previsto no art. 69 da Carta Magna.

Porém, para analisar esses requisitos, é prudente, de início, definir em que sentido está sendo a usada a expressão "de existência". A idéia aqui utilizada é a de

---

[31] Parte da doutrina afirma que o requisito formal e o requisito material são requisitos de existência e também de validade. Nesse sentido, leciona BORGES, José Souto Maior. *Lei Complementar Tributária*, p. 46.

[32] CARVALHO, Paulo de Barros. *Curso de Direito Tributário*, p. 203.

existência dentro do sistema, isto é, quando no caso concreto já tiver sido efetuado o juízo de compatibilidade ou de sintonia com a Constituição Federal.[33] Por outro lado, não será errada – tampouco forçosa, para este caso – a utilização do adjetivo *validade*, desde que tal exame seja idêntico ao exame da existência, isto é, o exame à luz do sistema que dá fundamento à lei complementar. Nesse sentido, Carvalho ensina com objetividade: "E ser norma válida, quer significar que mantém relação de pertinencialidade com o sistema "S", ou que nele foi posta por órgão legitimado a produzi-la, mediante procedimento estabelecido para tal fim".[34]

Diferentemente, Navarro Coelho afirma que o conceito de validade é diverso do conceito de existência: somente depois de existente, a validade ou invalidade da lei poderia ser avaliada.[35] Tal posição também está correta, porque a existência mencionada pelo autor não é a existência que ocorre em face do sistema – a qual ele classifica rigidamente como validade tão-somente –, mas sim aquela que ocorre pela simples existência decorrente da sanção da lei.

Tal diferenciação interpretativa da doutrina não impede que tanto uma classificação quanto a outra possam ser utilizadas indistintamente quando o intérprete pretender referir-se ao juízo de compatibilidade frente ao ordenamento constitucional. E aqui, no amparo da melhor posição, mais uma vez são válidos os ensinamentos de Carvalho: "É intuitivo crer que a validade se confunde com a existência, de sorte que afirmar que u'a norma existe implica reconhecer sua validade, em face de determinado sistema jurídico".[36]

---

[33] Sobre o tema, MIRANDA, Pontes de, *Tratado de Direito Privado*, 1 v, p. 125.

[34] CARVALHO, Paulo de Barros. *Curso de Direito Tributário*, p. 81.

[35] NAVARRO COELHO, Sacha Calmon. *Curso de Direito Tributário Brasileiro*, p. 28.

[36] CARVALHO, Paulo de Barros. *Curso de Direito Tributário*, p. 29.

Com relação ao requisito material – ou de fundo como denomina parte da doutrina[37] –, é necessária a previsão expressa, na própria Constituição, quanto aos dispositivos a serem complementados pela espécie legislativa. Em outras palavras, a Constituição Federal atribui à lei complementar a característica de instrumento normativo com utilização predeterminada. A par deste entendimento, cristalina é a posição adotada pelo Supremo Tribunal Federal no sentido de que não se presume a necessidade de lei complementar, pois esta é somente exigível nos casos expressamente previstos na Constituição.[38]

Com relação ao requisito formal de existência, a regra constitucional dispõe que as leis complementares serão aprovadas por maioria absoluta das duas Casas do Congresso Nacional. É o requisito de *quorum* especial ou qualificado,[39] ou de *forma*, o qual, para aprovação da lei, solicita o voto de mais da metade dos membros do Congresso Nacional – isto é, do primeiro número inteiro acima da metade da composição da Casa. Tal atribuição especial tem origem na relevância da matéria a ser disciplinada e decorre da realização do valor segurança jurídica.

Portanto, em regra, a lei complementar será existente apenas se for aprovada por *quorum* especial, e se a matéria estiver previamente determinada como matéria de competência própria[40] e exclusiva de lei complementar. Tal posição tem sido sustentada em diversos julgados do Supremo Tribunal Federal, os quais têm justificado, em síntese, que a necessidade de lei complementar para a disciplinação normativa de certas matérias exige previsão constitucional expressa, legitimando-se,

---

[37] NAVARRO COELHO, Sacha Calmon. *Curso de Direito Tributário Brasileiro*, p. 96.

[38] Supremo Tribunal Federal, ADI 2010-DF, rel. Ministro Celso de Mello, *DJU*. 14-04-2002.

[39] CARVALHO, Paulo de Barros. *Curso de Direito Tributário*, p. 203.

[40] BORGES, José Souto Maior. *Lei Complementar Tributária*, p. 33-34.

Lei Complementar Tributária na Constituição de 1988

na ausência de qualquer estipulação constante da Carta Política, a edição de simples lei ordinária".[41]

Essa atribuição, entretanto, não é exauriente: a exigência de lei complementar também poderá, em situações especiais e extremamente peculiares, estar vinculada à matéria objeto de complementação, para temas que venham a subordinar todas as ordens jurídicas integrantes da Nação,[42] e não apenas a União (pessoa de direito público interno), como ocorre com a lei ordinária federal. A existência de exceções com relação ao último requisito, o material,[43] ocorre nos casos em que a simples previsão "lei" presume lei complementar. A título de exemplo, podemos citar o previsto na alínea "c" do inciso VI do art. 150 da CF/88, que, mesmo fazendo referência apenas à "lei", alude à lei complementar, devido ao caráter de vinculação nacional da matéria a ser regulamentada e à hermenêutica que rege o sistema. Para caracterizar essas hipóteses, que estão implícitas no Texto Constitucional e que são reservadas à lei complementar, Carvalho atribui extrema consideração à análise do grau de relevância dessa matéria:

> "em circunstâncias como essa, a bem empreendida análise do comando supremo apontará que a grandeza do tema somente pode ser objeto de lei complementar, visto que estão em pauta regulações

---

[41] Supremo Tribunal Federal, ADI 2010-DF, rel. Ministro Celso de Mello, *DJU*. 14-04-2002.

[42] Nesse sentido, NAVARRO COELHO, Sacha Calmon. *Curso de Direito Tributário Brasileiro*, p. 96.

[43] CARRAZZA, Roque Antonio, *in Curso de Direito Constitucional Tributário*, p. 783. Conforme leciona o autor, outro requisito que daria ensejo à utilização de lei complementar, seria a classificação da imunidade como uma limitação ao poder de tributar. Tal questão é bastante complexa e exigiu grandes estudos, por parte da doutrina, que ao final diverge. Neste caso, acompanhamos a moderna posição de Paulo de Barros Carvalho, in *Curso de Direito Tributário*, p. 167, a qual não classifica a imunidade como limitação ao poder, mas sim como mais um elemento delimitador de competências. Logo, podemos concluir que, se fosse apenas por este motivo, não caberia a regulamentação por lei complementar.

diretas de preceitos da Lei Maior, que por outros estatutos não poderiam ser versadas".[44]

Nesse caso, é evidente que o comando constitucional vincula requisitos, previstos na lei, para definir a competência dos variados entes da Federação (caráter nacional). A lei complementar tem eficácia dirigida aos legisladores ordinários da União, dos Estados, do Distrito Federal e dos Municípios; e, juntamente com outros mandamentos constitucionais, servirá para desenhar detalhadamente os contornos relativos às atribuições de competência das pessoas políticas.[45]

Por outro lado, convém referir – e não raros têm sido os debates a este respeito – que a denominação textual da espécie da lei é irrelevante aos rígidos requisitos de existência. A lei não possuirá eficácia de lei complementar, apenas por ter a denominação "complementar". Necessária sempre será, salvo exceções como a já referida, a previsão material de "complementar". Em momento algum, a Constituição ou o Supremo Tribunal Federal admitiram a extrapolação do seu campo de atuação simplesmente pela aprovação mediante *quorum* especial ou qualificado.

Assim, em regra, lei complementar fora de seu campo específico é mera lei ordinária com titulação imprópria,[46] que atuará dentro dos limites impostos à legislação ordinária pela Constituição.[47] A ação, decorrente dessa situação concreta, foi denominada por Navarro Coelho "fenômeno da adaptação"[48] – o sistema

---

[44] CARVALHO, Paulo de Barros. *Curso de Direito Tributário*, p. 203-204.

[45] Sobre demarcação de competência e imunidades, vide CARVALHO, Paulo de Barros. *Curso de Direito Tributário*, p. 167.

[46] BORGES, José Souto Maior. *Lei Complementar Tributária*, p. 26.

[47] NAVARRO COELHO, Sacha Calmon. *Comentários à CF/88: Sistema Tributário*, p. 118-119. O Autor afirma que lei complementar que trata de matéria de lei ordinária incorre em queda de *status*, pois quem pode o mais pode o menos.

[48] NAVARRO COELHO, Sacha Calmon. *Curso de Direito Tributário Brasileiro*, p. 99-100. Com propriedade afirma o autor: "Se regular matéria de compe-

apropria à intitulada lei complementar a eficácia da lei de caráter ordinário, determinada pela Carta Magna.

Ocorrendo o inverso, ou seja, quando a matéria for de competência de lei complementar e incorretamente estiver sendo tratada por lei ordinária, será a mesma nula e inexistente, em decorrência de inconstitucionalidade material.[49] Existe ainda uma terceira situação – a invasão da lei complementar sobre o universo material da lei ordinária estadual ou municipal. Nesse caso, devido à já referenciada rigidez constitucional relativa às competências dos entes da Federação, outra situação não pode ocorrer que não seja a de rejeição, decorrente de inconstitucionalidade material por desvio de função ou de previsão constitucional. Tal posição é o reflexo dos precisos ensinamentos de Borges. Segundo o autor, a diferenciação da lei complementar para a lei ordinária é uma só, o regime jurídico diverso. Esse regime, conforme verificado, é-nos revelado através de duas características, uma de cunho formal – regime de aprovação – e outra de cunho material – regime de previsão constitucional expressa.[50] No caso, como configurada a invasão, obviamente há carência da previsão constitucional expressa.

1.3.2. O âmbito de validade pessoal da Lei Complementar

Borges, partindo dos ensinamentos de Kelsen, delimitou os quatro âmbitos de validade da lei complementar (material, pessoal, espacial e temporal).[51] Para situar a lei complementar tributária no sistema, à luz dos

---

tência da União reservada à lei ordinária, ao invés de inconstitucionalidade incorre em queda de status, pois terá valência de simples lei ordinária federal."

[49] ATALIBA, Geraldo. *Lei Complementar na Constituição*, p. 34.

[50] BORGES, José Souto Maior. *Lei Complementar Tributária*, p. 73.

[51] BORGES, José Souto Maior. *Lei Complementar Tributária*, p. 63 ss.

princípios regedores da autonomia das pessoas políticas e do Estado Democrático de Direito, será verificado o âmbito de validade pessoal dessa espécie legislativa. O objetivo é saber a quais pessoas é exatamente dirigido o conteúdo da lei complementar.

Através dos estudos de Ataliba,[52] a doutrina passou inicialmente a classificar a lei complementar como lei de caráter nacional. Com o amadurecimento do debate, essa classificação veio a sofrer críticas e até mesmo parcial reformulação: os teóricos passaram a observar a existência de algumas leis complementares que não são dirigidas a todas as ordens parciais da Federação. Esta espécie – lei complementar de caráter federal – não será examinada de forma específica: no segundo capítulo, serão tratadas tão-somente as leis complementares de normas gerais, cujo caráter, conforme será verificado, é eminentemente nacional.

Com efeito, em estudo realizado sobre a matéria, Reis procurou aprofundar a questão relativa à distinção entre as duas leis editadas pelo Congresso Nacional. Em certa passagem de sua obra, o autor afirma de forma pertinente: "... nem sempre a lei complementar é lei nacional e a lei ordinária é federal, valendo, para tal caracterização, o exame do destinatário da norma".[53]

Tanto uma espécie de lei complementar quanto a outra são elaboradas pelo mesmo órgão legislativo, caso em que este exerce dúplice função, ora como legislador nacional no exercício da competência nacional – global –, ora como legislador federal no exercício da competência exclusiva autônoma da União. Para distinguir lei nacional de lei federal, o critério utilizado será o exame de verificação do destinatário da norma.

A lei nacional será aquela que for elaborada pelo Legislativo da União, na qualidade de poder central da

---

[52] ATALIBA, Geraldo. *Lei Complementar na Constituição*.

[53] REIS, Elcio Fonseca. *Federalismo Fiscal - Competência Concorrente e Normas Gerais em Direito Tributário*, p. 121.

Lei Complementar Tributária na Constituição de 1988

Federação, e que for destinada a todas as ordens jurídicas parciais – União, Estados, Distrito Federal e Municípios. Com finalidade extraída do equilíbrio consagrado pela Constituição, é lei a serviço da Federação. A lei federal será aquela que, assim como a nacional, for elaborada pelo Legislativo da União, o qual atua como poder legislativo de um dos entes da Federação, limitando, por isso, sua destinação aos órgãos da União. Com competência privativa ou residual, materialmente delineada pela Constituição, a lei federal é lei a serviço de apenas um ente da Federação.

Pelo que foi visto até o momento, é relevante verificar a característica diferenciativa das duas espécies legislativas editadas pelo Congresso Nacional. Enquanto na lei complementar de atuação nacional a norma é dirigida aos legisladores das ordens jurídicas parciais da União, dos Estados, do Distrito Federal e dos Municípios, na lei complementar qualificada como federal ocorre a redução do âmbito de validade pessoal à esfera dos jurisdicionados ou administrados pela União[54] – caso em que somente essa ordem jurídica parcial será a destinatária da norma.

A existência excepcional de leis complementares tributárias dirigidas unicamente à União – inclusive fora do capítulo do Sistema Tributário Nacional – é verificada no corpo da Constituição de 1988. Como exemplo, temos a lei que institui fontes de custeio adicionais à Seguridade Social (art 195, § 4°, da CF/88). Dentro do Capítulo do Sistema Tributário da CF/88, outros casos podem ser apresentados: o inciso I do art. 154, v. g., é disposição que requer lei complementar. No entanto, a norma constitucional, ao tratar dos impostos residuais da União, obviamente destina-se à ordem jurídica parcial federal. Vale dizer que essa lei não complementará, de forma alguma, o ditame atuando sobre os Estados, o

---

[54] BORGES, José Souto Maior, *Lei Complementar Tributária*, p. 68.

Distrito Federal ou os Municípios. Mas, sem dúvida, seus efeitos – claramente delineados na própria norma constitucional, como pode ser observado – atuam unicamente na esfera da União.

Em última análise, portanto, a lei complementar pode ser destinada não só aos legisladores infraconstitucionais das ordens parciais: pode, também, quando não possuir o caráter de lei nacional, destinar-se às pessoas que, de forma expressa, estejam sujeitas ao dispositivo constitucional a ser complementado, desde que não afaste, ainda assim, o seu caráter de vinculação quase constitucional.

1.3.3. As finalidades da Lei Complementar

Vejamos agora um outro aspecto a considerar acerca da diferenciação das leis complementares: o da finalidade constitucional. Este critério de diferenciação não anula nem tampouco se contrapõe à diferenciação anteriormente proposta a respeito do âmbito de validade pessoal. Pelo contrário, o complementa, para que restem precisamente delineados os contornos peculiares à espécie sob estudo.

A respeito das finalidades da lei complementar, a doutrina não chega a divergir, mas não abre mão da utilização de critérios distintos para amparar seus argumentos.[55] O critério proposto, sob a vigência da Constituição de 1967, por Borges – que utilizou a terminologia "classificação das leis complementares quanto à hierarquia"[56] – é aplicado ainda hoje sem qualquer prejuízo por respeitáveis estudiosos do Direito Tributário.[57]

---

[55] Nesse sentido, vide NAVARRO COELHO, Sacha Calmon. *Curso de Direito Tributário Brasileiro*, p. 98 ss.

[56] BORGES, José Souto Maior. *Lei Complementar Tributária*, p. 84 ss.

[57] CARVALHO, Paulo de Barros. *Curso de Direito Tributário*, p. 204.

Lei Complementar Tributária na Constituição de 1988 **41**

Esse critério pode ser complementado, quando combinado a outro oriundo da reformulação da classificação proposta por Navarro Coelho – tríplice finalidade.[58] O objetivo desta combinação é o de esclarecer as finalidades da lei complementar, aplicando conjuntamente duas teorias: a primeira, elaborada por Borges, que atribui uma dúplice finalidade para a lei complementar em observância ao critério de hierarquia; e uma segunda, aqui elaborada, que é a favor também de uma dúplice finalidade, observando, no entanto, a questão da eficácia dos dispositivos constitucionais.

1.3.3.1. A finalidade da Lei Complementar em face da hierarquia

Na primeira teoria, as leis complementares à Constituição são divididas em dois grandes grupos: no primeiro, constam as leis complementares que fundamentam a validade de outros atos normativos (outras leis complementares, leis ordinárias, decretos legislativos e convênios); e no segundo, constam as leis complementares que não fundamentam outros atos normativos, ou seja, que atuam diretamente.

No primeiro grupo, estão incluídas todas as leis complementares que podem ser qualificadas como balizadoras; sua finalidade será a de integrar a Constituição com as leis editadas pelos entes da Federação. São normas de intermediação, pois inclusive poderão regular a forma de atuação ou ainda o conteúdo das normas a serem editadas pelos órgãos inferiores. Exemplo dessa espécie de lei complementar é justamente a prevista no art. 146 da Constituição – norma delineadora de conteúdos, que explicita, através das normas gerais, os contornos a serem observados pelos legisladores das ordens parciais, na instituição dos tributos de suas competên-

---

[58] NAVARRO COELHO. Sacha Calmon. *Curso de Direito Tributário Brasileiro*, p. 98 ss.

cias. Especificamente nesse caso, a idéia de hierarquização da norma complementar é perfeitamente aplicável à que está sendo regulada. Tal tema será abordado a seguir; no entanto, para que possamos dar justificativa à diferenciação proposta por Borges, já é conveniente, de antemão, tecermos algumas considerações. Ainda no que se refere ao art. 146 da CF, é inegável o reconhecimento de que a lei de normas gerais em matéria tributária servirá de fundamento de validade aos atos normativos inferiores[59] – por exemplo, às leis editadas pelos Estados da Federação. A referida lei complementar tributária é hierarquicamente superior, inclusive a outra lei complementar, desde que esta última seja de vinculação federal, isto é, atue no âmbito de competência da União. Pertinente, portanto, é a aplicação da teoria de Kelsen, reproduzida na obra de Borges. A atribuição de graus às normas – grau superior, no caso à norma geral, que dá fundamento, e grau inferior à norma especial, que tem a criação observada nos fundamentos delineados pela superior – qualifica como imagem espacial de supra-infra-ordenação a relação de hierarquização entre a norma que regula a produção de outra norma, e a norma que regularmente é produzida.[60]

No segundo grupo – leis complementares que atuam diretamente –, a finalidade integrativa não é afastada; entretanto, ela ocorre em espaço diverso, caso em que a finalidade de integração é concretizada no sentido da norma para com o sistema. Essa lei complementar atua como norma reguladora da Constituição, pois faz valer plenamente a norma constitucional, sem qualquer atribuição de validade às normas de grau inferior. Constam do referido grupo as leis complementares cuja finalidade é esgotada na própria norma dela

---

[59] BORGES, José Souto Maior. *Lei Complementar Tributária*, p. 82.

[60] BORGES, José Souto Maior. *Lei Complementar Tributária*, p. 81.

decorrente. Logo, inexiste a função intercalar ou de intermediação para com as normas de vinculação parcial – preconizada por Borges, para as leis complementares integrantes do primeiro grupo. Como exemplo dessa espécie, temos a previsão do inciso I do art. 154 da CF/88. A matéria restará regulada tão-somente por lei complementar, sem qualquer necessidade de atuação de normas emanadas pelas pessoas políticas das ordens parciais. Em face da inexistência de normas decorrentes dessa espécie de lei complementar, deixa de existir o fundamento de validade e, conseqüentemente, a figura da hierarquização entre os instrumentos normativos – diversamente do que foi observado na primeira espécie, que reúne as leis complementares que fundamentam a validade de atos normativos.

1.3.3.2. A finalidade da Lei Complementar em face da eficácia dos dispositivos constitucionais

Depois de verificar, com relação às espécies de leis complementares, a primeira das classificações doutrinárias, é conveniente passar à análise dos fundamentos baseados na defesa da finalidade da lei complementar em face da eficácia dos dispositivos constitucionais. Cumpre salientar que, em momento algum, esse critério deve ser confrontado com o primeiro analisado: na realidade, apenas o complementa.

Valendo-se de idéias de constitucionalistas – dentre eles, Meirelles Teixeira[61] –, é impossível negar o já solidificado caráter de norma complementadora de atuação constitucional, diferenciando as espécies de leis complementares através do exame constitucional de suas finalidades.

A primeira finalidade, que detém caráter integrativo, é a de complementação de dispositivos constitucionais de eficácia limitada. Conforme Meirelles Teixeira,

---

[61] MEIRELLES TEIXEIRA, José Horacio. *Curso de Direito Constitucional.*

tais dispositivos são "normas que não produzem, logo ao serem promulgadas, todos os seus efeitos essenciais, porque não se estabeleceu sobre a matéria, uma normatividade para isso suficiente, deixando total ou parcialmente essa tarefa ao legislador ordinário".[62] Ou seja, o objetivo desta lei complementar é atribuir eficácia plena a um dispositivo constitucional. Um exemplo que pode ser enquadrado nessa hipótese é o do inciso III do art. 156, o qual remete à lei complementar a tarefa de definir os serviços de qualquer natureza a serem tributados pelo imposto de competência municipal. Esta seria a função da Lei Complementar nº 116, de 31 de julho de 2003.

A segunda finalidade da lei complementar é a de atuação em determinações constitucionais de maneira direta. Passaremos a utilizar essa denominação em vez da proposta utilizada por Navarro Coelho, que se valeu da expressão "fazer atuar determinações constitucionais importantes e de interesse de toda a Nação".[63] Na tarefa de facilitar o entendimento, é necessário que sejam diferenciadas claramente as espécies, pois não faz sentido a expressão "determinações constitucionais importantes" – até porque todas as determinações constitucionais, pelo menos no tocante às regras constantes do sistema tributário, são sempre de relevante importância. No mesmo caminho, também não é de todo adequada a expressão "de interesse de toda a nação". Tudo que está na Constituição é de interesse de toda a Nação. Por

---

[62] MEIRELLES TEIXEIRA, José Horacio. *Curso de Direito Constitucional*, p. 317 e ss. Atenta-se, no caso do conceito proposto pelo autor, que a referência ao legislador ordinário, para o caso concreto, é figura de linguagem visando à diferenciação da espécie legislador constitucional. Sem a pretensão de reparar o conceito, mas sim de adequá-lo frente ao tema a que o propomos, salientamos que, para nos referirmos ao Congresso Nacional, tanto podemos usar a expressão *legislador ordinário*, inclusive na elaboração de leis complementares, como podemos nos valer da expressão *legislador complementar*, sem que haja qualquer diferenciação, até mesmo na edição de leis ordinárias, as quais muitas vezes também complementam a Constituição.

[63] NAVARRO COELHO, Sacha Calmon. *Curso de Direito Tributário Brasileiro*, p. 98 ss.

Lei Complementar Tributária na Constituição de 1988   **45**

exemplo, as normas a respeito do ICMS – art. 155 da CF/88 – não são de interesse de todos os Estados que compõem a Nação? E a constante no art. 150, VI, "c", da CF, que delimita a competência da União para tributar a renda das entidades sem fins lucrativos, não é de interesse de toda a Nação? Evidentemente que sim, por isso melhor qualificada a espécie segunda pela função de fazer atuar diretamente certos dispositivos constitucionais, os quais necessitam da lei complementar para ingressarem no sistema.

As leis complementares integrantes deste subgrupo são aquelas que possuem o âmbito de validade pessoal restringido. São leis complementares federais – aquelas que se dirigem tão-somente à União, no exercício de sua competência legislativa privativa ou residual.[64] Exemplificando esta espécie para localizá-la dentro da Constituição Federal, citamos o art. 148 da CF – a função da lei complementar nesse caso, conforme podemos notar, é autônoma, atuando diretamente para instituir tributo em favor da União. Logo, essa lei complementar não deve, diferentemente da primeira espécie, complementar dispositivo que, ainda que de forma limitada, já possua eficácia. O que ocorre aqui é apenas a autorização constitucional para a instituição de empréstimos compulsórios. Mediante a ação do legislador complementar, esse tributo poderá ou não ser instituído, observando apenas os requisitos constitucionais atinentes à sua instituição.

1.3.3.3. Proposta de utilização conjunta das duas teorias a respeito das finalidades da Lei Complementar

A análise até aqui feita evidenciou as diferenças dentro do instrumento denominado lei complementar.

---

[64] Esse também é o entendimento de TÔRRES Heleno Taveira. Funções das leis complementares no sistema tributário nacional - hierarquia de normas - papel do código tributário nacional no ordenamento. *Revista de Direito Tributário*, n° 84, p. 51e ss.

Cumpre, neste momento, colocar sinteticamente as duas teorias propostas em harmonia, o que, como já havia sido mencionado, pode e deve ser feito, para buscar a total compreensão deste instrumento. Na primeira teoria, BORGES classifica a lei "quanto à hierarquia",[65] proposta que também relevantemente tem contribuído quando são estudadas as teorias a respeito da hierarquia entre lei ordinária e lei complementar. No que diz respeito à segunda teoria, a classificação ocorre, como vimos, no tocante à finalidade da lei complementar em face da eficácia dos dispositivos constitucionais. Via de regra, as duas teorias revelam-se apropriadas, sem que exista a possibilidade de choque entre elas.

A espécie lei complementar que fundamenta a validade de outros atos normativos poderá ser, por exemplo, de idêntica característica à lei complementar que atuará, atribuindo eficácia plena ao disposto no art. 155, II, § 2°, XII – classificada também como norma de integração de dispositivo constitucional de eficácia limitada. Essa norma fundamentará efetivamente a validade da lei estadual instituidora do ICMS, relativa à definição de contribuintes, ao regime de compensação, à substituição tributária, etc., bem como complementará a referida disposição constitucional, dando eficácia plena, naquele momento, à delegação constitucional de competência, aos Estados e ao Distrito Federal, para a instituição de referido imposto.

Também não ocorre o choque entre as teorias, quando é classificada a lei complementar dentro da espécie que não fundamenta a validade de outros atos normativos – por exemplo, a prevista no art. 148 da Constituição. Além dessa característica, tal espécie possui também a de lei complementar de atuação direta, ou seja, aquela que não tem a tarefa de atribuir eficácia plena a dispositivos constitucionais. Daí em diante,

---

[65] BORGES, José Souto Maior. *Lei Complementar Tributária*, p. 84.

Lei Complementar Tributária na Constituição de 1988 **47**

inúmeros são os exemplos de interconexão que podemos formular.

Assim, podem ser aplicadas em conjunto tanto a primeira teoria – classificação quanto à hierarquia – quanto a segunda – classificação quanto à finalidade das leis complementares em face da eficácia dos dispositivos constitucionais. Este é o propósito quando queremos delimitar por completo qual a espécie de lei complementar que ora se estuda, e qual a sua posição hierárquica dentro do sistema. Esclarecidos estes relevantes aspectos sobre a diferenciação da lei complementar quanto à sua finalidade, podemos dar um passo à frente propondo uma definição para o instrumento lei complementar.

1.3.4. Proposta conceitual da Lei Complementar à luz da Constituição de 1988

Embora respeitados constitucionalistas[66] já tenham definido o instrumento legislativo lei complementar, é pertinente uma reconstrução conceitual para a lei complementar à luz dos elementos já disponibilizados. Para tanto, antes de tudo, é preciso reavivar a posição de dois grandes expoentes, que colaboraram de forma magistral para o estudo da espécie lei complementar no Brasil.

O primeiro deles foi Ataliba,[67] cuja contribuição dada há mais de vinte anos ainda permanece de certa forma adequada ao ordenamento. Conceituando o instrumento, destacou o autor em monografia sobre o tema que a lei complementar não possui um, mas sim dois conceitos: o conceito doutrinário, ou seja, aquele extraído da norma no plano objetivo, à vista de complementar de um modo geral a Constituição; e o conceito jurídico-po-

---

[66] Dentre outros, ATALIBA, Geraldo. *Lei Complementar na Constituição;* BASTOS, Celso. *Lei complementar - teoria e comentários;* e BORGES, José Souto Maior. *Lei Complementar Tributária.*

[67] ATALIBA, Geraldo. *Lei complementar na Constituição,* p. 30-31.

sitivo, o qual, dotado então de uma subjetividade mais elevada, define a lei complementar em função da previsão textual constitucional expressa, bem como do processo especial qualificado. Mais tarde, Borges qualificou o conceito de lei complementar subdividindo-o em conceito material e conceito formal.[68] Para conceituá-la materialmente, valeu-se das idéias de sistematização, afirmando que todas as leis que completam a Constituição são complementares. Sustentou, nesse sentido, a existência de duas espécies de leis complementares: aquelas que substancialmente o são, e aqui são incluídas até mesmo as leis ordinárias que também possuem a função de complementar dispositivos de eficácia limitada; bem como aquelas que são pelo fato de assim estarem previamente qualificadas pela Constituição. No primeiro caso, o qualificativo complementar está em um nível mais abstrato e procura significar toda e qualquer lei que trate de matéria destinada a complementar de forma direta o disposto na Constituição. No segundo, a materialidade está relacionada ao requisito de ordem, isto é, à delimitação concreta das matérias a serem disciplinadas pelo instrumento legislativo apropriado. Por outro prisma – jurídico-positivo – destaca Borges que a conceituação é feita através da diferenciação formal da lei complementar frente a outras leis. Ou seja, há a necessidade de *quorum* qualificado para aprovação – requisito que, como sabemos, não possuem as leis de caráter ordinário.

Ainda no que se refere tanto ao aspecto formal quanto ao material do instrumento legislativo, o Supremo Tribunal Federal, em julgamentos de extrema importância, também qualificou as leis complementares como aquelas que, em função de expressa denominação formal estabelecida pela Constituição, traduzem espécies normativas típicas ou nominadas, cuja designação jurídica

---

[68] BORGES, José Souto Maior. *Lei Complementar Tributária*, p. 33 ss.

Lei Complementar Tributária na Constituição de 1988   **49**

emerge, sempre, do próprio texto constitucional.[69] Essa predeterminação constitucional a matérias específicas, qualificadas por parte da doutrina como de relevante interesse nacional,[70] tem por escopo de certa forma limitar a discricionariedade do Poder Legislativo que, para atuar, terá de necessariamente observar a maioria absoluta das Casas do Congresso Nacional. Neste caso, a intenção do constituinte foi a de atribuir restrições para o trato de alguns assuntos, o que, conseqüentemente, gera uma maior estabilidade na aprovação dos temas.[71] Carvalho também destaca essa natureza:

"A lei complementar com sua natureza ontológico-formal (...) cumpre hoje função institucional da mais alta importância para a estruturação da ordem jurídica brasileira. Aparece como significativo instrumento de articulação de normas do sistema, recebendo numerosos cometimentos nas mais diferentes matérias de que se ocupou o legislador constituinte".[72]

Analisadas essas teorias, é fundamental tomar como base o conceito jurídico-positivo solidificado pelos seus instrumentos diferenciadores, anteriormente já delimitados, para então à luz da Constituição de 1988 apresentarmos um conceito de lei complementar.

Lei complementar é o instrumento legislativo elaborado pelo Congresso Nacional, com a observância dos

---

[69] Supremo Tribunal Federal, ADI 2010-DF, rel. Ministro Celso de Mello, *DJU*. 14-04-2002.

[70] Conforme afirma, entre outros, NAVARRO COELHO, Sacha Calmon. *Comentários à CF/88: Sistema Tributário*, p. 117-118.

[71] Nesse sentido, podemos destacar SEHN, Sólon. A lei complementar no sistema de fontes do direito tributário, *Revista Dialética de Direito Tributário* n° 82. A propósito, em atenção aos ensinamentos de Geraldo Ataliba, acrescenta ainda o autor: "Trata-se de restrição que objetiva conferir maior estabilidade a certas matérias reputadas relevantes pelo constituinte. Estas, em razão do quorum de maioria absoluta, estariam a salvo de maiorias fortuitas no Congresso Nacional, subtraídas do jogo eleitoral."

[72] CARVALHO, Paulo de Barros. *Curso de Direito Tributário*, p. 58 e 59.

50   *Fábio Canazaro*

requisitos material e formal, cuja função é a de integrar a Constituição às ordens parciais. É lei que possui dúplice atuação: ou é lei nacional, de maneira a integrar as ordens parciais da União, dos Estados, do Distrito Federal e dos Municípios; ou é lei de integração imediata (federal), quando atribui eficácia a normas constitucionais predeterminadas.

1.3.5. A questão da hierarquia da Lei Complementar frente à Lei Ordinária

Muito já tratou a doutrina a respeito do tema hierarquia da lei complementar. Seja na vigência de Constituições anteriores ou da atual, a posição sempre foi por demais controvertida. Autores reconhecidos defendiam[73] – e alguns até hoje ainda defendem[74] – uma relação de superioridade plena da lei complementar sobre a lei ordinária. Outros argumentam a respeito de uma relação de superioridade apenas parcial,[75] com relação a determinadas leis complementares – posição que melhor é apropriada em relação ao sistema constitucional brasileiro.

Ainda na vigência da Constituição de 1967, Borges, em monografia específica sobre o tema, classificou –

---

[73] ATALIBA, Geraldo. *Lei complementar na constituição*. O autor, em um magistério excepcional, examinou pela primeira vez, com profundidade, referida espécie legislativa. Defendia o respeitável mestre, valendo-se da teoria da hierarquia das normas, p. 27 e ss, que a lei complementar era superior à ordinária. Mais tarde, repensando sobre o tema, com a análise dos estudos de José Souto Maior Borges, o referido autor reviu sua posição reconhecendo que não havia hierarquia entre lei complementar e lei ordinária. Vide Lei Complementar em matéria tributária. Conferências e debates, *Revista de Direito Tributário* n° 48, p. 103. Assinala o autor: "A Constituição é o general; depois, a lei complementar vai ser o coronel; a lei ordinária vai – e é verdade que não há hierarquia de lei complementar – ser outro coronel, com outras competências, a ordem de serviço vai ser um sargento (...)."

[74] MACHADO, Hugo de Brito. Posição hierárquica da lei complementar, *Revista Dialética de Direito Tributário* n° 14, p. 19.

[75] BORGES, José Souto Maior. *Lei Complementar Tributária*, p. 83.

Lei Complementar Tributária na Constituição de 1988   **51**

baseado nos ensinamentos de Kelsen – as leis complementares quanto à hierarquia. Para diferenciar uma lei da outra, a referida classificação leva em conta a presença ou não do fundamento ou da razão de validade da norma. Sob tal enfoque, parece claro que hierarquicamente superiores são apenas as normas que regulam o conteúdo e a forma de criação de outras normas, ou seja, aquelas que servem de fundamento de validade para a edição de outros atos normativos. Exemplos desse tipo de normas podem ser encontrados distribuídos pela Constituição, dentre os quais a própria lei complementar que estabelece normas gerais em matéria de legislação tributária. A prevalência, nesse caso, é revelada sobre as leis ordinárias e até mesmo sobre as leis complementares dirigidas à União, em decorrência do caráter de norma norteadora – superioridade material –, solidificado pela regra do § 4º do art. 24 da Constituição Federal de 1988. Considerando essa superioridade que detém parte das leis complementares previstas no nosso ordenamento, Carvalho esclareceu tal relação, bipartindo a hierarquia em dois aspectos: o de cunho material e o de cunho formal.[76]

No tocante ao aspecto material, a relação de superioridade ocorre no caso em que a lei complementar estabelecer pressupostos de conteúdo interno, ou de "significação" material para com a norma inferior. No segundo aspecto, a superioridade dá-se em função dos pressupostos formais que a norma complementar dita sobre as normas subordinadas.

Quanto ao aspecto formal, ainda não verificado à luz do Texto Constitucional, destacamos que o melhor exemplo é o da lei complementar prevista no parágrafo único do art. 59 da Constituição Federal, cuja função é a de estabelecer os ditames formais a respeito da elaboração, alteração e consolidação das leis. Essa lei comple-

---

[76] CARVALHO, Paulo de Barros. *Curso de Direito Tributário*, p. 207-208.

mentar – LC n° 95, de 26 de fevereiro de 1998 – deve ser observada por todos os legisladores na edição dos demais instrumentos legislativos, o que, sem dúvida alguma, a torna formalmente superior frente às demais, as quais, em hipótese alguma, poderão contrariá-la.

A respeito dessas considerações acerca da existência ou não de hierarquia, é possível afirmar que somente determinadas leis complementares prevalecem sobre as leis ordinárias, bem como sobre os demais instrumentos legislativos, desde que as primeiras sejam constituídas de fundamento de validade, formal ou material. Neste rol estará, inclusive, a lei complementar instituidora de normas gerais em matéria de legislação tributária, já que são inegáveis as suas funções de padronização, harmonização e uniformização,[77] que devem ser observadas pelas demais normas tributárias integrantes do sistema.

Outras leis complementares – as quais não fundamentam a validade de normas diversas e adquirem referida atribuição por uma questão meramente de *quorum* – não possuem superioridade alguma e podem, inclusive, ser alteradas ou revogadas por leis ordinárias. Entretanto, essa alteração ou revogação deverá respeitar, por certo, o limite da respectiva competência. Se a Constituição prevê, por exemplo, que as contribuições destinadas ao custeio da Seguridade Social serão instituídas por lei (ordinária), e o legislador, em exagero, instituir uma delas por lei complementar, é perfeitamente viável, sem que haja qualquer ofensa a princípios constitucionais, sua alteração por lei ordinária, pois a competência constitucional, nesse caso, é para a lei ordinária. No entanto, de diferente aceitação seria o caso em que o legislador constitucional referisse "por lei complementar" – como ocorre, por exemplo, com os impostos residuais –, e o Congresso viesse, de maneira

---

[77] REIS, Elcio Fonseca. As normas gerais de direito tributário e a inconstitucionalidade do prazo de decadência e prescrição fixados pela Lei 8.212/91, *Revista Dialética de Direito Tributário* n° 63, p. 43.

Lei Complementar Tributária na Constituição de 1988 **53**

afoita, a proceder alterações por lei ordinária. A questão, do ponto de vista inverso, toma outros rumos: não é mais o caso de superioridade hierárquica, mas simplesmente de invasão de competência constitucional, o que deve ser rechaçado pelo Supremo Tribunal Federal. Embora essa seja a posição com fundamentos mais sólidos, a doutrina não permanece unânime. Machado, que se tem dedicado ao aprofundamento desse estudo, rebate parcialmente as teorias defendidas a respeito. Justifica a superioridade hierárquica da lei complementar sobre os instrumentos legislativos, independentemente da matéria a ser tratada ou da presença de fundamento de validade. O autor defende que, nos casos em que a matéria foi disciplinada por lei complementar, mesmo sem a expressa autorização constitucional, aquela não poderá ser alterada, salvo por outra lei complementar, em observância ao valor segurança jurídica. Nesse sentido, ensaia o autor:

"a rigor, não há vigente Constituição qualquer norma, ou princípios, que expressa ou implicitamente autorize a conclusão de que a lei complementar somente pode cuidar de matérias a estas reservadas pela Constituição. Existem é certo, dispositivos que tornam determinadas matérias privativas de lei complementar, o que é coisa rigorosamente diversa. A existência de um campo de reserva de lei complementar, todavia, não quer dizer que não possa a lei complementar cuidar de outras matérias. Pode, sim, e deve, o legislador adotar a forma de lei complementar para cuidar não apenas das matérias a este entregues, em caráter privativo, pelo constituinte, mas também de outras, às quais deseja imprimir maior estabilidade, ao colocá-las fora do alcance de maiorias ocasionais, ou até dos denominados acordos de lideranças".[78]

---

[78] MACHADO, Hugo de Brito. Posição hierárquica da lei complementar, *Revista Dialética de Direito Tributário* n° 14, p.19 ss.

Apesar de seus argumentos, não resta outra alternativa senão discordar do respeitável jurista. Realmente, a adoção do instrumento lei complementar ocorre com o objetivo de imprimir um elevado nível de discussão nas Casas do Congresso. Esse debate mais aprofundado atribui uma estabilidade ainda maior à matéria que vem a ser disciplinada – valor segurança jurídica. Entretanto, essa escolha no tocante à adoção ou não do instrumento não é feita pelo Poder Legislativo, pois este não possui tal liberalidade para decidir qual o instrumento que será utilizado, bem como a quais matérias deve ser atribuída maior (ou menor) segurança jurídica. Inegável, nesse caso, é a característica de rigidez e exaustão do Texto Constitucional: restringiu a utilização da lei complementar a determinadas matérias.[79] Logo, é mais do que forçoso tentar atribuir aos legisladores de função ordinária a competência que cabe apenas e tão-somente ao legislador constitucional, para regular os casos de utilização da lei complementar.

Baseado nas considerações antecedentes, a posição que defende a superioridade, não obstante a disposição constitucional, não é, na realidade, a melhor. Basta a releitura de nossa Constituição voltada ao princípio federativo e à autonomia municipal, para comprovarmos que é legítima a superioridade decorrente de fundamento de validade que a primeira lei imprime sobre as demais, somente no tocante às leis complementares que subordinam as leis ordinárias e, nos casos já referidos, que subordinam as complementares de vinculação federal. De resto, em regra geral, a hierarquia é inexistente, conforme se evidencia em toda a Constituição, tanto em face da esfera privativa incomunicável de cada legislador no exercício de suas respectivas competências, como em face dos conteúdos predeterminados a cada espécie.

---

[79] ATALIBA, Geraldo. *Lei complementar em matéria tributária*. Conferências e debates. *Revista de Direito Tributário* n° 48, p. 103 ss.

Em síntese, sem que exista lei complementar que imprima fundamento de validade sobre a lei ordinária, ou seja, extraindo ambas o seu fundamento de validade da Constituição Federal,[80] não existe a figura da hierarquia entre essas espécies legislativas. No caso, a diferenciação entre ambas ocorre no que diz respeito apenas à matéria e ao *quorum* – instrumentos diversos para matérias diversas – requisitos que, por si só, não revelam superioridade.

Entretanto, mesmo com a relevância dos fundamentos defendidos, o Superior Tribunal de Justiça tem, de forma diversa, decidido em reiterados arestos que o *status* de lei complementar resta por convalidado nos casos em que o Texto Constitucional tenha requerido lei ordinária, e o legislativo tenha editado lei complementar.[81] Em decorrência de uma "hierarquia" entre os diferentes instrumentos legislativos, o STJ tem declarado ilegal a alteração de lei simplesmente denominada de complementar – em função do seu *quorum* de aprovação – por lei ordinária. Um exemplo que demonstra esta posição é a edição da Súmula n° 276, a qual tem sido utilizada para amparar o reconhecimento da ilegalidade da revogação da isenção da COFINS pela Lei (ordinária) n° 9.430/96, para as sociedades civis de profissão regulamentada.

Ao contrário, mais acertada tem sido a posição adotada pelo Supremo Tribunal Federal, que vem reconhecendo sistematicamente a inexistência de hierarquia entre a lei complementar e a lei ordinária. A título de exemplo, podemos citar precedente da Corte que, ao analisar a constitucionalidade do aumento da alíquota da COFINS através de lei ordinária (art. 8° da Lei n° 9.718, de 28.11.98), declarou válida a majoração de 2%

---

[80] REIS, Elcio Fonseca. As normas gerais de direito tributário e a inconstitucionalidade do prazo de decadência e prescrição fixados pela Lei 8.212/91, *Revista Dialética de Direito Tributário* n° 63, p. 46 e ss.

[81] Superior Tribunal de Justiça, AgRg no REsp. 382736-SC, rel. Ministro Francisco Peçanha Martins, *DJ*. 25-02-2004, p. 91 e *RTFP* vol. 59 p. 332.

para 3%, apesar do argumento de que a referida contribuição social havia sido criada por lei complementar (LC n° 70, de 30.12.91).[82]

1.4. A PREVISÃO CONSTITUCIONAL DE UTILIZAÇÃO DA LEI COMPLEMENTAR NO DIREITO TRIBUTÁRIO

Posicionada a lei complementar dentro do sistema, inclusive com a análise das questões relativas à validade, finalidade e hierarquia, deve ser analisada a aplicação deste instrumento, conforme a previsão constitucional, no âmbito específico do Direito Tributário. Na Constituição Federal de 1988, no capítulo do Sistema Tributário Nacional, a referência à lei complementar faz-se presente mais de uma dezena de vezes. Tal fato positivamente retrata o cuidado do legislador constitucional em dar estabilidade e segurança aos temas relacionados àquela matéria e, em especial, à delimitação de competências, sempre em harmonização com o princípio federativo, com a autonomia municipal e com o princípio do Estado Democrático de Direito.

É sabido que a Constituição de 1988, logo no início do capítulo a respeito da tributação, elenca de forma expressa os três casos em que poderá ser utilizada a lei complementar. Assim dispõem os arts. 146 e 146-A da Constituição:[83]

"Art. 146. Cabe à lei complementar:
I - dispor sobre conflitos de competência, em matéria tributária, entre a União, os Estados, o Distrito Federal e os Municípios;

---

[82] Supremo Tribunal Federal, RE. 336134-RS, rel. Ministro Ilmar Galvão, *DJU.* 27-11-2002.

[83] Redação introduzida pela Emenda Constitucional n° 42, de 19 de dezembro de 2003.

II - regular as limitações constitucionais ao poder de tributar;

III - estabelecer normas gerais em matéria de legislação tributária, especialmente sobre:

a) definição de tributos e de suas espécies, bem como, em relação aos impostos discriminados nesta Constituição, a dos respectivos fatos geradores, bases de cálculo e contribuintes;

b) obrigação, lançamento, crédito, prescrição e decadência tributários;

c) adequado tratamento tributário ao ato cooperativo praticado pelas sociedades cooperativas;

d) definição de tratamento diferenciado e favorecido para as micro empresas e para as empresas de pequeno porte, inclusive regimes especiais ou simplificados no caso do imposto previsto no art. 155, II, das contribuições previstas no art. 195, I e § § 12 e 13, e da contribuição a que se refere o art. 239.[84]

Parágrafo único. A lei complementar de que trata o inciso II, *d*, também poderá instituir um regime único de arrecadação dos impostos e contribuições da União, dos Estados, do Distrito Federal e dos Municípios, observando que:

I – será opcional para o contribuinte;

II – poderão ser estabelecidas condições de enquadramento diferenciadas por Estado;

III – o recolhimento será unificado e centralizado e a distribuição da parcela de recursos pertencentes aos respectivos entes federados será imediata, vedada qualquer retenção ou condicionamento.

IV – a arrecadação, a fiscalização e a cobrança poderão ser compartilhadas pelos entes federados, adotado cadastro nacional único de contribuintes.

Art. 146 - A. A lei complementar poderá estabelecer critérios especiais de tributação, com o objetivo de

---

[84] Alínea "d" acrescentada pela Emenda Constitucional n° 42, de 19-12-2003.

prevenir desequilíbrios da concorrência, sem igual prejuízo da competência da União, por lei, estabelecer normas de igual objetivo."

Já de antemão cumpre referir que a posição da doutrina não é unânime a respeito do art. 146 da CF/88. De um lado, encontramos a denominada "corrente tricotômica",[85] aquela que interpreta o art. 146 na sua exata literalidade. Esta corrente tem firmado entendimento sobre a existência de três funções distintas na lei complementar em matéria de legislação tributária: a) dispor sobre conflitos de competência, em matéria tributária; b) regular as limitações constitucionais ao poder de tributar; c) estabelecer normas gerais em matéria de legislação tributária.

Sob outro ponto de vista, encontramos autores liderados pelas idéias de Ataliba, que atribuem tão-somente duas funções à lei complementar prevista no art. 146 da Constituição, dela extraindo uma norma sistematicamente interpretável que restringe, em parte, a aplicação literal do artigo. Esta corrente, denominada de "dicotômica",[86] atribui à lei complementar de Direito Tributário a tarefa de, através da edição de normas gerais, dispor sobre conflitos de competência das entidades tributantes e regular as limitações ao poder de tributar. Conforme será demonstrado, as funções ligadas a esta corrente revelar-se-ão mais bem-formuladas frente ao que se propôs o legislador constitucional.

---

[85] Conforme lecionam, entre outros, BASTOS, Celso Ribeiro. *Lei Complementar - Teoria e Comentários*, p. 225 ss; MARTINS, Ives Gandra da Silva. A função da lei complementar tributária - legalidade do Decreto n° 3070-99 e da I.N. - SRF 060/99 - possibilidade de adoção de imposto fixo no direito tributário brasileiro, *Revista Dialética de Direito Tributário* n° 65, p. 147.

[86] Nesse sentido são as posições de CARVALHO, Paulo de Barros. *Curso de Direito Tributário*, p. 195 ss.; e ATALIBA, Geraldo. Lei complementar em matéria tributária. Conferências e debates. *Revista de Direito Tributário* n° 48, p. 89 ss. Este último defendendo, inclusive, que o art. 146 era quase inútil face à rigidez e à exaustão do sistema.

Lei Complementar Tributária na Constituição de 1988   **59**

É ainda necessário considerar um terceiro posicionamento. Alguns autores defendem, nesta esfera de discussão, que a lei complementar teria uma outra função, decorrente da delegação de competência da Constituição à União, para instituir empréstimos compulsórios e o imposto sobre grandes fortunas – arts. 148 e 153, VI, da CF –, bem como para instituir as contribuições e os impostos residuais – arts. 154, I e 195, § 6°, da CF.[87] Tal delegação, é verdade, não deixa de ocorrer; entretanto, decorre também da norma constante do art. 146 da Constituição Federal. Por tais divergências interpretativas, serão verificadas separadamente as atribuições do art. 146 da CF, delimitando claramente os objetos materiais[88] da lei complementar de Direito Tributário na Constituição de 1988.

1.4.1. A disposição sobre conflitos de competência

A leitura do art. 146 aponta como primeiro objeto material da lei complementar de Direito Tributário a tarefa de dispor sobre conflitos de competência entre a União, os Estados, o Distrito Federal e os Municípios. Em que pese a extrema rigidez da Constituição, a qual delimitou, minuciosa e exaustivamente, as competências tributárias à luz do denominado princípio da legalidade, poderão existir casos em que determinada pessoa políti-

---

[87] Dentre eles, TORRES, Heleno Taveira. Código Tributário Nacional: teoria da codificação, funções das leis complementares e posição hierárquica no Sistema, *Revista Dialética de Direito Tributário* n° 71, p. 93 e ss, que defende a função dupla da lei complementar em matéria tributária, para o exercício de competência da União (lei complementar federal), bem como para a criação de normas gerais em matéria tributária; e NAVARRO COELHO, Sacha Calmon. *Curso de Direito Tributário Brasileiro*, p. 96, que reconhece, como esta, uma quarta função para a lei complementar em direito tributário.

[88] Essa terminologia foi bem empregada por NAVARRO COELHO, Sacha Calmon. *Curso de Direito Tributário Brasileiro*, p. 103. O autor faz a diferenciação entre as funções genéricas da lei complementar dentro do sistema e as materializadas especificamente no âmbito do direito tributário.

ca invada os limites de competência de outra. Nesses casos, em especial com relação aos impostos, em que o Texto Constitucional restar por incompreendido ocasionando dúvidas, o legislador complementar poderá e deverá dispor de forma declaratória,[89] discriminando o caso e delimitando a esfera de atuação dos possíveis entes conflitantes.

Argumentando que tais conflitos deveriam ser solvidos na esfera judicial mediante o exame de constitucionalidade, a doutrina ofereceu certa resistência a esta espécie de lei complementar. O maior dos defensores dessa posição foi Ataliba, que mesmo com sua invejável objetividade, não desceu ao plano da interpretação da norma, ficando apenas no plano da elaboração da lei. Afirmou o autor: "Se o sistema é esse: rígido e exaustivo não há possibilidade de conflito de competência. Então vejam que a primeira proposta do art. 146, é norma geral para dispor sobre conflitos de competência. Mas não é possível conflitos de competência".[90]

Certo estaria ele, e desnecessária obviamente seria a lei complementar, quando algum dos poderes legislativos parciais – União, Estado, Distrito Federal e Municípios – viesse a editar lei que invadisse a competência de outra pessoa política. Nesse caso, evidentemente que a lei seria inconstitucional, justificando sua incisiva posição. Entretanto, a vontade do constituinte foi um pouco mais além, dirigindo-se para os casos implícitos, ou seja, para os casos em que a possibilidade de interpretação da norma constitucional não fosse totalmente uniforme, o que pode ser denominado de conflito de interpretação, quando submetida aos poderes legislativos parciais.

A título de exemplo de lei complementar editada com tal propósito, pode ser citada a lei definidora da

---

[89] CARRAZZA, Roque. *Curso de Direito Constitucional Tributário*, p. 772 ss.

[90] ATALIBA, Geraldo. Lei complementar em matéria tributária. Conferências e debates, *Revista de Direito Tributário* n° 48, p. 90.

Lei Complementar Tributária na Constituição de 1988   **61**

lista de serviços de qualquer natureza, a qual delimita a competência tributária dos Municípios e exclui, expressamente, da competência dos Estados, a incidência de ICMS sobre algumas mercadorias que estejam sendo fornecidas juntamente com serviços – art. 155, IX, "b". Vale enfatizar que, no caso, a Constituição não deixou de delimitar a competência municipal – serviços –, bem como a estadual – mercadorias e alguns serviços. Apenas reservou para a lei complementar a tarefa de prevenir os conflitos decorrentes do fornecimento de mercadorias concomitantemente com a prestação de serviços.

Como se pretendeu evidenciar por esta análise, a referida lei complementar não terá o condão de resolver os conflitos de competência objetivamente verificados em decorrência de leis editadas pelas pessoas políticas incumbidas da qualidade de legisladores parciais – aliás, função esta que é do Poder Judiciário. Mas terá, isto sim, a função de atuar como lei que, explicitando o constitucionalmente já previsto, objetivará evitar que venham a surgir os referidos conflitos. Partindo desse pressuposto, será naturalmente uma lei nacional necessária, cujos efeitos serão emanados sobre todas as pessoas políticas da Federação que, no caso concreto, possam vir a estar envolvidas nos referidos conflitos. Evidentemente que, como foi explicitado, esta lei será hierarquicamente superior, sobre a legislação ordinária federal, estadual ou ainda municipal, já que atuará delineando os limites de competência constitucional sem expandi-los. Em suma, podemos tratá-la como uma lei quase constitucional – sem necessariamente empunhar a tarefa de complementar determinados dispositivos constitucionais – que atuará de forma direta e autônoma sobre as ordens parciais.

Por esse ângulo, é preciso reconhecer que a lei tributária examinada é revelada como uma lei complementar de normas gerais – normas que possuem atuação nacional, esclarecendo ditames constitucionais a serem aplicados de forma geral sobre todas as ordens legislativas parciais – sem, no entanto, inovar os ditames constitucionais e tampouco anular o princípio federativo e a autonomia municipal.

1.4.2. A regulação das limitações ao poder de tributar

O segundo objeto material da lei complementar de Direito Tributário é de secundária importância dentro de nosso sistema constitucional. Na Constituição atual, inexiste limitação constitucional para ser regulada por lei complementar.

O que vem ocorrendo, e que inclusive tem sido defendido por parte da doutrina, em razão da inserção das imunidades dentro da Seção das Limitações do Poder de Tributar, é a consideração da imunidade como uma espécie de limitação à competência dos entes tributantes. Tanto é assim que existem ensaios afirmando que a lei prevista na alínea "c" do inciso VI do art. 150 atuaria como reguladora de uma suposta limitação. Certamente, pela importância do tema e pelo caráter de vinculação nacional, a previsão constitucional constituiria um dos casos de regulação de dispositivo constitucional mediante lei complementar. Porém, afirmar que essa lei complementar está regulando uma limitação é bastante diferente, para não dizer até mesmo contraditória.

Por tal prisma, é preciso considerar, de acordo com a interpretação de Carvalho, que é inaceitável atribuir às imunidades a qualidade de normas limitadoras do poder de tributar.[91] A imunidade não limita; ela delimita. A competência tributária não é geral: pelo contrário, obedece a uma série de normas que, através de um contorno, desenham uma espécie de universo em que as

---

[91] CARVALHO, Paulo de Barros. *Curso de Direito Tributário*, p. 166 ss.

Lei Complementar Tributária na Constituição de 1988   **63**

pessoas políticas poderão tornar o tributo incidível – entre essas normas constitucionais demarcatórias, podem ser encontradas as imunidades. O contrário ocorre com as limitações, que não atuam no sentido de delinear os limites da competência, mas sim de frear ou de amputar a atuação do legislador infraconstitucional já no exercício de sua competência. São momentos diversos: no caso da alínea "c" do inciso VI do art. 150, a previsão é de uma lei de normas gerais, que estará complementando dispositivo constitucional delineador de competência tributária – imunidade.

Portanto, não seria útil, e muito menos lógica, a edição de uma lei complementar que regulasse a forma como se encontra limitado o poder constitucional conferido aos entes da Federação para tributarem. Desnecessário lembrar, neste caso, que a própria limitação – regra negativa – já se encontra prevista, necessariamente, em um dispositivo constitucional de eficácia plena, o que torna ineficaz a referida regulação, como destacado por Ataliba:

> "A lei que pretender complementar um preceito proibitivo ou negativo é abusiva (...) E por quê? Porque onde a Constituição diz NÃO é NÃO. O legislador complementar não pode aumentar o NÃO. Também não pode diminuir o NÃO; ele só pode repetir, reproduzir o NÃO, o que é ridículo. É ridículo uma norma inferior repetir a norma superior, porque não acrescenta nada a norma superior no que diz respeito a sua eficácia. Se a Constituição disse NÃO, o que é que adianta outro órgão, qualquer outro órgão ou instrumento dizer NÃO? Vai aumentar o NÃO? A força, a eficácia do NÃO? Vai reduzir? Não pode".[92]

---

[92] ATALIBA, Geraldo. Lei Complementar em matéria tributária. Conferências e debates, *Revista de Direito Tributário* n° 48, p. 90.

Entretanto, o Supremo Tribunal Federal utilizou argumentos diversos a respeito do tema ao examinar, em sede de liminar, a validade dos artigos da Lei n° 9.532/97 que, ao estabelecer requisitos, procurava regular o gozo das imunidades. A posição tomada pela Corte Suprema foi acertada, pois evidentemente a regulação do art. 150, VI, "c", da CF, dada a necessidade de lei nacional, não poderia ocorrer por lei ordinária. Entretanto, a fundamentação utilizada divergiu do melhor entendimento. No caso, o Relator, Min. Sepúlveda Pertence, reconheceu que a imunidade é tratada como uma limitação ao poder de tributar, e por isso suspendeu a eficácia dos artigos da Lei em exame, reconhecendo a inconstitucionalidade formal das normas com base na interpretação literal do art. 146, II, da CF, que estabelece que qualquer regulação à limitação do poder de tributar só pode ocorrer mediante lei complementar.[93]

Em que pesem tais divergências interpretativas, a posição mais adequada é a de não reconhecer como objeto material da lei complementar a regulação das regras da legalidade, da isonomia no tratamento entre contribuintes em situação equivalente, da irretroatividade, da anterioridade, da vedação ao confisco e das limitações ao tráfego de pessoas ou bens, até porque as referidas limitações são consideradas verdadeiros direitos fundamentais dos contribuintes,[94] sendo, por isso, normas de eficácia plena, cuja desnecessidade de regulação é incontestável. À vista disso, de irrelevante utilidade perante o sistema mostra-se a previsão do inciso II do art. 146 da CF/88.

---

[93] Supremo Tribunal Federal, ADI 1802-DF, rel. Ministro Sepúlveda Pertence, *DJU*. 27-08-1998.

[94] A respeito do tema, vide BALEEIRO, Aliomar. *Limitações Constitucionais ao Poder de Tributar*, p. 35 ss.

Lei Complementar Tributária na Constituição de 1988

1.4.3. O estabelecimento de normas gerais em matéria de legislação tributária

O terceiro e último objeto material da lei complementar de Direito Tributário é, sem dúvida alguma, aquele que reflete a tarefa mais importante atribuída àquela espécie de lei, enquanto tratar de Direito Tributário. A referência às normas gerais em matéria tributária não é recente; entretanto, mesmo com a efervescente discussão a respeito do tema, parece claro que, ao longo dos anos, mostraram-se deficientes as posições[95] sobre a seguinte questão: em que se constituem realmente as chamadas normas gerais em matéria de legislação tributária? Para responder a isso, convém examinarmos detalhadamente as normas gerais, inclusive sistematizando-as à luz do princípio federativo, da autonomia municipal e do princípio do Estado Democrático de Direito. Antes, porém, de entrar propriamente no exame da questão, é conveniente delinear o alcance da norma que autoriza a edição de lei complementar para tal propósito.

A referida previsão constitucional a respeito das normas gerais já delimita alguns dos objetos materiais sobre as quais irão as mesmas dispor. Entre outros, os assuntos que deverão especialmente ser tratados pela lei complementar de normas gerais são a definição de tributos e suas espécies; de fatos geradores, bases de cálculo e contribuintes, relativamente aos impostos já discriminados na Constituição; de obrigação, lançamento, crédito, prescrição e decadência em matéria tributária; do adequado tratamento tributário ao ato cooperativo; e do tratamento diferenciado fornecido para as microempresas e para as empresas de pequeno porte, incluindo-

---

[95] PAULSEN, Leandro. *Direito tributário – Constituição e Código Tributário à luz da Doutrina e da Jurisprudência*, p. 92: Nesse sentido, afirma: "(...) apesar da Constituição de 1988 ter procurado detalhar o alcance da expressão, enumerando, exemplificativamente, institutos abrangidos pelas norma gerais, até hoje se discute a respeito do seu conteúdo (...)".

se neste caso a previsão a respeito de regimes especiais para o ICMS, bem como para as contribuições de seguridade social da empresa (art. 195, I) e do Programa de Integração Social – PIS (art. 239), previstas na CF/88. No que diz respeito à expressão "especialmente", constante do art. 146 da Constituição de 1988, é importante destacar que os assuntos enumerados são meramente exemplificativos, podendo outras matérias ser abordadas pela lei complementar de normas gerais. Tal tratamento visa a imprimir garantia de unidade e racionalidade do sistema em todo o território nacional, desde que o campo reservado à autonomia das pessoas políticas não seja invadido. Amaro, ao tratar da função da lei complementar de normas gerais de Direito Tributário, esclarece sua atuação no contexto constitucional:

"o que faz a lei complementar é obedecido o quadro constitucional, aumentar o grau de detalhamento dos tributos criados pela Constituição Federal. Dir-se-ia que a Constituição desenha o perfil dos tributos (no que respeita a identificação de cada tipo tributário, aos limites do poder de tributar, etc.) e a lei complementar adensa os traços gerais dos tributos, preparando o esboço que, finalmente, será utilizado pela lei ordinária, a qual compete instituir o tributo, na definição exaustiva de todos os traços que permitam identificá-lo na sua exata dimensão (...)".[96]

É preciso ainda destacar que, para a efetivação da regra do art. 146, inclusive no que diz respeito ao detalhamento dos assuntos materialmente previstos, é necessária a análise isolada de cada objeto, visando ao aprofundamento individual em relação ao sistema. Por ora, examinaremos a previsão relativa apenas à questão do tratamento tributário do ato cooperativo, mesmo

---

[96] AMARO, Luciano. *Direito Tributário Brasileiro*, p. 165.

Lei Complementar Tributária na Constituição de 1988

porque, diversamente do previsto na Constituição, não se trata de caso para edição de normas gerais e, por isso, não será abordada no segundo capítulo.

Mais especificamente na alínea "c", que versa sobre o adequado tratamento tributário ao ato cooperativo, pode-se verificar que tal lei não foi ainda editada, até mesmo em face de seu caráter de desnecessidade, já que inexiste impedimento para que, em lei específica própria, como ocorreu com a Lei n° 5.764, de 16 de dezembro de 1971, que define a política nacional de cooperativismo e institui o regime jurídico das sociedades cooperativas, o ato cooperativo seja adequadamente delimitado. Inclusive em atenção ao modelo federativo nacional, o referido tratamento tributário deverá ser dado pelas pessoas políticas na medida de suas competências, observadas as peculiaridades de cada tributo caso a caso, bem como a natureza do ato cooperativo. Essa é, sobretudo, a orientação firmada pelo Superior Tribunal de Justiça, que entende que a Lei n° 5.764/71 apenas define o que é ato cooperativo, sem nada referir quanto ao regime de tributação.[97] Nesse caso, a previsão constitucional relativa à tributação do ato cooperativo foge ao geral a que se propõe a norma em exame, invadindo esferas que já qualificamos como particularmente autônomas.

Convém ainda destacar que a expressão "adequar", contida na alínea "c", não poderia significar diferenciar, tampouco reduzir a incidência da tributação, mas sim torná-la apropriada ao regime cooperativo que, como é sabido, diverge do praticado pelas empresas em geral. Sob idêntico ponto de vista, o Supremo Tribunal Federal tem entendido que "tratamento adequado não significa necessariamente tratamento privilegiado",[98] ou seja, que inexiste privilégio ao ato cooperativo no tocante à exi-

---

[97] Superior Tribunal de Justiça, REsp. 591298-MG, rel. Ministro Teori Albino Zavascki, *DJ*. 07/03/2005, p. 136.

[98] Supremo Tribunal Federal, RE 141800-SP, rel. Ministro Moreira Alves, *DJU*. 03-10-1997.

gência tributária. Portanto, este é um caso em que a previsão constitucional é ineficiente devido à sua falta de aplicabilidade, principalmente sob o aspecto da autonomia dos entes federados relativa à competência tributária constitucionalmente outorgada.

2. A Lei Complementar de normas gerais em matéria de legislação tributária

Já delineados os objetos materiais próprios da lei que tratar de normas gerais de Direito Tributário, cumpre examinarmos como atua essa lei complementar, bem como qual o seu alcance dentro do sistema. Verificado o inciso III do art. 146, o qual estabelece a possibilidade da edição de lei complementar das normas gerais, serão definidos a partir de agora, em face do ordenamento, o seu campo de atuação, o seu destinatário e os seus limites.

2.1. O CAMPO DE ATUAÇÃO E O DESTINATÁRIO DAS NORMAS GERAIS

A doutrina tem sido unânime quando aborda a questão do campo de atuação das normas gerais, defendendo sua eficácia por todo o território nacional. Nesse caso, a eficácia, inclusive sob o aspecto espacial das normas gerais de Direito Tributário, ocorre na medida em que for observado, na forma e no conteúdo, o constitucionalmente delineado.[99] Em outras palavras, forma e o conteúdo a que poderão dispor as normas

---

[99] CARRAZZA, Roque Antonio. *Curso de Direito Constitucional Tributário*, p. 783.

gerais estão na Constituição, expressamente ou não, pelo que o exame de sua validade e, em última análise, de sua constitucionalidade, somente poderá ser feito se forem sistematizadas as regras pertinentes à sua aplicação. Essas normas obrigatoriamente vincularão com seus ditames gerais, as pessoas políticas das ordens parciais no exercício de suas respectivas competências tributárias específicas. Os destinatários das leis complementares de normas gerais serão sempre a União, os Estados, o Distrito Federal e os Municípios, enquanto incumbidos da função de legisladores parciais da Federação. Podemos ainda notar que as normas gerais, espécie intercalar de norma, fundam-se na Constituição e dão fundamento, no que de geral for, sem obviamente restringir, às leis editadas pelos entes da Federação. Portanto, são normas que objetivam o equilíbrio do subsistema tributário nacional, as quais, em hipótese alguma, restringirão as competências previamente outorgadas pela Constituição de 1988. Tal fato ocorre, pois somente quem atribui a competência poderá, em outro momento, limitar seu exercício. Assim, caberá tão-somente à Constituição restringir as competências que ela própria outorgou, e nunca à norma geral nacional pois, mesmo ocupando posição hierárquica superior sobre a legislação dos entes da Federação, ela deve fundamento à Constituição.

2.2. O ALCANCE DAS NORMAS GERAIS DE DIREITO TRIBUTÁRIO NO SISTEMA CONSTITUCIONAL

Quando buscamos analisar o alcance das normas gerais à luz da Constituição, o estudo deve envolver dois aspectos: em relação à organização do sistema e em relação ao conteúdo proposto pela Lei Maior. A sistematização delimita o campo de aplicação das normas gerais no sistema, em consonância com a legislação das ordens parciais. Tal estruturação será realizada através de regras de atuação constitucionalmente dispostas, necessárias para organizar o alcance das normas gerais sob o aspecto da competência legislativa concorrente. São regras constitucionais destinadas também aos legisladores parciais, as quais têm por objeto dispor sobre o alcance dos efeitos das normas gerais, estabelecendo relações de subordinação e conseqüentemente de hierarquização das normas gerais nacionais para com as parciais. As referidas regras dispõem, ainda, sobre a hipótese de harmonização destes instrumentos, por exemplo, na existência de norma geral suplementar estadual que esteja em choque com norma geral nacional.

A primeira dessas regras é a constante do § 3º do art. 34 do Ato das Disposições Constitucionais Transitórias. Nela é reafirmada a autonomia federativa: é autorizado à União, aos Estados, ao Distrito Federal e aos Municípios editarem as leis de que necessitem para efetivação das normas constantes no sistema tributário constitucionalmente estabelecido. Neste caso, salientamos que, na ausência de lei complementar nacional de normas gerais, as pessoas políticas exercerão a competência suplementar, constitucionalmente outorgada, de maneira plena, isto é, sem a necessidade dos ditames intercalares propostos pelas normas gerais nacionais, justamente com o objetivo de fazer fluir o que a Constituição dispôs a respeito de tributação, na observância de seus mais fiéis limites.

A segunda regra a ser verificada, e que se coaduna com a anterior, é a do art. 24 da Constituição Federal. Tal regra, em síntese, autoriza aos entes da Federação a possibilidade de legislarem suplementarmente – e não concorrentemente, como é a dicção constitucional – no tocante ao estabelecimento de normas gerais. Caso não seja configurada a possibilidade que podemos denomi-

---

Lei Complementar Tributária na Constituição de 1988 **73**

nar como a regra geral, ou seja, caso a União, no exercício de sua competência nacional, não legislar sobre normas gerais, a competência para tal é diretamente atribuída aos Estados, que agirão objetivando a eficácia da outorga constitucional (art. 24, § 3°). Nesse sentido, posicionou-se o Supremo Tribunal Federal em voto conduzido pelo Relator, Min. Néri da Silveira, quando reconheceu a competência legislativa plena da Unidade da Federação, no caso da falta de normas gerais editadas pela União, para instituir o imposto sobre a propriedade de veículos automotores.[100]

No caso da edição de normas gerais por parte do legislador nacional, podem os Estados ainda de forma suplementar legislar sobre normas gerais (art. 24, § 2°), obviamente se forem observados os ditames da lei complementar nacional, que nesse caso será hierarquicamente superior à editada pelos entes da Federação. Nesta situação, os Estados atuarão através de legislação própria, complementando algum assunto que, incluído no âmbito das normas gerais, não tenha sido esgotado pelo legislador nacional.

Por fim, cumpre verificar a regra que dispõe que a lei complementar de normas gerais superveniente suspenderá a eficácia da lei estadual de idêntica finalidade preexistente, no que for contrária àquela lei complementar (art. 24, § 4°). Neste caso, resta apenas ratificada a superioridade eficacial da lei complementar de normas gerais, a qual prevalecerá sobre a lei estadual ou municipal (ainda que naquele dispositivo não prevista) que concorrentemente dispuser sobre tal matéria, em atenção aos critérios de hierarquização e de suplementação, configurados pela Constituição.

Neste momento, cumpre destacar que a possibilidade de legislar, por parte das pessoas políticas, em face

---

[100] Supremo Tribunal Federal, RE 206500, rel. Ministro Néri da Silveira, *DJU*. 16-11-1999.

74   *Fábio Canazaro*

do Poder Central, a respeito de normas gerais, não é, como dispõe a regra, concorrente, mas sim suplementar. Na exata interpretação da Constituição, as normas não chegam a concorrer: apenas atuam uma complementando a ação da outra. Salientamos, todavia, que essa faculdade dos legisladores parciais pode-se tornar inócua, se a norma por eles estabelecida for contrária à editada pelo Poder Central, a qualquer tempo (art. 24, § 4º, da CF/88).

Assim, de duas formas tão-somente, serão relacionadas as leis de normas gerais em matéria de legislação tributária: a primeira, em que os entes da Federação, bem como os municípios e o Distrito Federal – e não só os Estados como se refere o Texto Constitucional – atuarão sozinhos, editando normas gerais em face da inexistência das mesmas na esfera nacional; e a segunda, em que os entes da Federação, bem como os municípios e o DF atuarão suplementarmente ao legislador complementar, quando os ditames da lei nacional forem seguidos pela lei estadual, municipal ou distrital que ratificará as normas gerais de forma que não as contrarie.

Entretanto, posição diversa já adotou o Supremo Tribunal Federal, ao declarar a inconstitucionalidade da lei que instituía a cobrança do adicional estadual ao imposto sobre a renda. A inclinação da Corte, no caso concreto,[101] foi determinada em decorrência da falta de lei complementar de normas gerais que definisse o fato gerador do referido tributo, para que assim restasse impedida a ocorrência de conflitos de competência. Porém, neste caso, a ressalva à aplicação do § 3º do art. 24 ocorreu, pois o interesse na definição de fato gerador não possuía caráter local mas sim nacional, interessando, portanto, a mais de um ente político integrante da Federação.

---

[101] Tribunal Pleno do Supremo Tribunal Federal, RE 136215-RJ, rel. Ministro Otávio Gallotti, *DJU*. 16-04-1993.

Lei Complementar Tributária na Constituição de 1988   **75**

Tal disposição não se justificaria pelo melhor entendimento, uma vez que, na inexistência de lei nacional, a competência estadual será plena no que não contrariar os limites impostos pela Constituição.[102] A instituição de tributos será realizada na observância da delimitação de competências, ratificada pelo § 3º do art. 34 do ADCT e pelo princípio federativo – normas que, no caso, foram interpretadas restritivamente de forma desnecessária, quando a Corte requisitou lei complementar para instituir o fato gerador. Já foi verificado que é perfeitamente possível a definição, mediante lei própria do ente federado competente à instituição do tributo, do respectivo fato gerador, se for observado que a referida definição não contrarie a lei nacional de normas gerais quando esta exista, o que, como visto anteriormente, não era caso para justificar a posição adotada. Portanto, na situação analisada pelo Supremo Tribunal Federal, o Estado poderia, como pretendeu, adotar lei estadual na falta de lei nacional, sendo necessário apenas que houvesse a delimitação da competência para instituição do referido imposto adicional. Assim, caberia norma geral de caráter nacional antecedente às pessoas políticas da Federação, apenas para que fossem evitados conflitos de competência, caso estes futuramente pudessem vir a ocorrer.

Para delimitar o campo de atuação das normas gerais no sistema, outro aspecto deve ser observado: seu conteúdo. Tal aspecto, que é extraído da análise do art. 146 da Constituição, não pode ser interpretado de modo que as normas gerais sejam afastadas dos princípios que

---

[102] CARRAZA, Roque. *Curso de Direito Constitucional Tributário*. p. 771. Nesse sentido, observa o autor: "Com que, então, as pessoas políticas, mesmo ante eventuais omissões do legislador complementar, não podem ser inibidas de virem a usar, em toda a latitude, suas competências tributárias. A razão disto é translúcida e já foi por nós acenada: as competências tributárias estão tão bem determinadas no Diploma Supremo que independem, para se tornarem exercitáveis, da edição de normas gerais em matéria de legislação tributária."

regulam a repartição das competências tributárias. A previsão do art. 146 não é absoluta. A regra traz a expressão "especialmente", o que autoriza o legislador nacional a editar normas gerais em matéria de legislação tributária atinentes a outras questões, que não as explícitas no Texto Constitucional. Neste caso, o legislador deve, entretanto, ter cuidado com a observância, quando for editada a lei complementar, do caráter de generalidade da matéria abordada.

2.3. O CONTEÚDO DAS NORMAS GERAIS EM FACE DO ORDENAMENTO CONSTITUCIONAL DE 1988

No presente momento, a intenção é delinear o conteúdo das normas gerais em matéria de legislação tributária, no intuito de atribuir pertinente utilidade ao constitucionalmente previsto. Na busca da real e efetiva aplicação das normas gerais, abordaremos dois subaspectos conceituais distintos: o semântico e o material. Para tanto, necessária será a utilização da doutrina especializada, pois trará vultosa contribuição para elaborar uma definição sobre as normas gerais em matéria de legislação tributária.

2.3.1. O significado da expressão "Norma Geral"

Inicialmente, convém destacar a relevância da previsão constitucional quando atribuiu o caráter de "geral" àquelas normas tributárias. Como as normas não podem esgotar o exercício da competência outorgada à União, aos Estados-Membros, ao Distrito Federal e aos Municípios, mas justamente encontram-se dentro do sistema para harmonizar o exercício daquela competência, a generalidade é mensurada pela aplicação indistin-

Lei Complementar Tributária na Constituição de 1988   **77**

tamente a todas as relações tributárias, seja na esfera federal, estadual, distrital ou municipal. Nesse sentido, têm as normas gerais a natureza de regras quase constitucionais:[103] são hierarquicamente inferiores à Constituição e cuidam de uma parcela de poder que não pode ser partilhada entre os membros da Federação, mas que têm por objeto delimitar os rumos para que as pessoas políticas desenvolvam sua legislação própria.

Em julgados relativos ao exame de constitucionalidade de impostos instituídos pelos entes da Federação, o Supremo Tribunal Federal tem reconhecido a relevância da lei complementar de normas gerais como elemento delineador do sistema. Nesse caso, firmou-se o entendimento de que, na entrada de mercadoria no estabelecimento comercial, ou da indústria, ou do produtor, só incidiria o ICM se este fosse instituído por lei estadual, que observasse as normas gerais editadas pela União.[104]

Por isso, é incorreta a afirmação de que a lei complementar que trata das normas gerais em matéria de legislação tributária afrontaria o princípio federativo e a autonomia municipal, desprestigiando ou enfraquecendo-os. A questão aqui não deve ser tratada sob o pálio da invasão ou da restrição, mas sim encarada como uma delimitação da matéria a ser abordada no âmbito das pessoas políticas, por uma lei de hierarquia superior, fundada na mesma Constituição que outorgou as competências. No caso, o objetivo primordial será o de assegurar a unidade e a racionalidade do sistema,[105] levando sempre em consideração os princípios antes estudados. Sob tal enfoque, merece destaque a posição de Horta, que ao qualificar o campo de atuação da lei de

---

[103] Conforme propõe DERZI, Misabel, na revisão e complementação, à luz da Constituição de 1988, da Clássica obra de Aliomar Baleeiro, *Limitações Constitucionais ao Poder de Tributar*, p. 108 ss.

[104] Supremo Tribunal Federal, RE 77619-SP, rel. Ministro Moreira Alves, *DJU*. 06-05-1983.

[105] ESTEVES, Maria do Rosário. *Normas Gerais de Direito Tributário*, p. 96.

78   *Fábio Canazaro*

normas gerais e o seu relacionamento com as leis ordinárias editadas pelas pessoas políticas investidas na tarefa de legisladores parciais, ensina que "a lei de normas gerais deve ser uma lei de quadro, uma moldura legislativa. A lei estadual suplementar introduzirá a lei de normas gerais no ordenamento do Estado, mediante o preenchimento dos claros deixados pela lei de normas gerais, de forma a afeiçoá-las às peculiaridades locais".[106]

Ainda a este respeito, importante contribuição traz-nos Carrazza, o qual atribui às normas gerais o caráter explicitador da Constituição, não podendo inovar, mas apenas declarar o que a Lei Superior previu quando outorgou competências. Esta posição justifica também uma superioridade quase constitucional às normas gerais, sem obviamente invadir o campo de competência previamente definido à União, aos Estados, ao Distrito Federal e aos Municípios. Nesse sentido, afirma o autor:

"Para aceitarmos melhor estas posições é necessário termos em conta que as competências tributárias das pessoas políticas foram perfeitamente traçadas e distribuídas pela Constituição. Vai daí que a lei complementar prevista no art. 146 da CF não pode, de nenhum modo, alterar as faculdades privativas que a União, os Estados, os Municípios e o Distrito Federal têm para tributar. Dito de outro modo, é vedado ao legislador complementar criar não só proibições, mas até limitações ou perturbações ao exercício das competências tributárias, porque, do contrário, absurdamente ser-lhe-ia admitido 'nulificar' garantias expressamente asseguradas, pelo Texto Supremo, às pessoas políticas".[107]

Prosseguindo na abordagem do tema, conclui Carrazza:

---

[106] HORTA, Raul Machado. *Estudos de Direito Constitucional*, p. 405.

[107] CARRAZZA, Roque. *Curso de Direito Constitucional Tributário*, p. 754.

Lei Complementar Tributária na Constituição de 1988

"Daí entendermos que as normas gerais em matéria de legislação tributária, referidas no art. 146 da Lei Maior, têm caráter meramente declaratório. Em outros termos, elas visam a retirar da incerteza aparentes conflitos de competência tributária entre as pessoas políticas. Por igual modo, pretendem reafirmar as limitações constitucionais ao poder de tributar, que vêm contidas em regras proibitivas, isto é, em mandamentos auto-aplicáveis, que, por isso mesmo, prescindem de integração legal ou infralegal para terem plenas condições de operatividade".[108]

Assim, a qualificação geral vincula, em matéria de definições e conceitos inerentes à legislação tributária, não apenas um ou alguns, mas todos os entes da Federação. Tal vinculação ocorre indistintamente, ou seja, sem qualquer distinção ou exclusão quanto à sua aplicação, obviamente em uma esfera superior à do legislador parcial, o qual, dentro dos limites eleitos pela norma geral, estabelecerá os pormenores e os detalhes para instituição e regulação das exações a ele competentes. Essa é a vontade da Constituição, que optou pelo fortalecimento das prerrogativas do Poder Central, sem, no entanto, aniquilar a autodeterminação política, o autogoverno e a produção normativa por parte dos Estados, do Distrito Federal e dos Municípios.[109]

2.3.2. Os limites materiais propostos à utilização das normas gerais na legislação tributária

A doutrina não chegou a unificar um posicionamento no tocante a quais assuntos poderão englobar as normas gerais em matéria de legislação tributária. Em

---

[108] CARRAZZA, Roque. *Curso de Direito Constitucional Tributário*, p. 771.

[109] Conforme propõe NAVARRO COELHO, Sacha Calmon. *Curso de Direito Tributário Brasileiro*, p. 109.

que pese uma certa uniformidade sob o aspecto semântico, quanto ao limite da qualificação "geral", no mínimo duas correntes procuraram esclarecer a verdadeira função do art. 146 da CF/88. No início do capítulo sobre a lei complementar prevista no art. 146 da Constituição, já haviam sido sucintamente diferenciadas as duas correntes interpretativas e, inclusive, emitido certo posicionamento em face da corrente que realmente procurou delimitar o alcance das normas gerais de Direito Tributário. Falamos da corrente dicotômica, proclamada por Ataliba, que atribuiu duas funções às normas gerais: a de dispor sobre conflitos de competência entre as entidades tributantes, e a de regular as limitações ao poder de tributar.

Inegavelmente, a corrente dicotômica pode ser considerada a mais bem estruturada; por isso, é utilizada como base para o presente estudo. Entretanto, a previsão funcional das normas gerais constante da regra do art. 146, realizada por Ataliba, merece melhor interpretação e, de agora em diante, será esse o objetivo. A intenção será estabelecer, de forma não tão ampla, a matéria que poderá ser tratada pela norma geral de atuação nacional, delimitando-a mais precisamente, em atenção aos objetivos da Federação.

É importante, em um primeiro momento, saber em que consistem as duas funções genéricas proclamadas pela melhor doutrina, até agora assim considerada. Falamos aqui da disposição a respeito da regulação às limitações constitucionais ao poder de tributar, bem como dos conflitos de competência entre os entes da Federação. Com relação à regulação das limitações, em capítulo anterior, já opinamos sobre a impossibilidade de disposição mediante o instrumento normas gerais. Lembrando, sinteticamente, referimos que as limitações são normas que se esgotam na própria Constituição e que, em decorrência disso, não necessitam – e, em última análise nem poderiam – ampliar, reduzir, ou tampouco

Lei Complementar Tributária na Constituição de 1988　　**81**

explicitar ou declarar o que já foi exaustivamente tratado na Carta Magna.[110]

A ressalva, que aqui se repete, é a relativa à previsão constitucional (dentro da seção das "limitações constitucionais ao poder de tributar" – art. 150, VI, "c", da CF/88) referente ao disciplinamento dos requisitos para o gozo da imunidade relativa a impostos, por parte dos partidos políticos, inclusive das suas fundações, das entidades sindicais de trabalhadores e das instituições de educação e de assistência social sem fins lucrativos. Obviamente que, embora o Texto não tenha referido a expressão "complementar", reporta-se a uma lei de caráter nacional, a qual atuará sobre os poderes legislativos da União, dos Estados, do Distrito Federal e dos Municípios. À vista disso, os pressupostos necessários e suficientes para que as entidades tenham reconhecido o direito à imunidade deverão ser dispostos em lei complementar. Esse entendimento é decorrente inclusive do princípio federativo, uma vez que a lei ordinária de caráter federal vincularia, nesse caso, os requisitos tãosomente à pessoa política que a editar;[111] já uma lei de caráter nacional, no caso complementar, vinculará todos os entes da Federação, sendo este o objetivo a que se propõe a imunidade.

Nesse sentido, a lei complementar, implicitamente prevista no art. 150, VI, "c", da CF/88, é lei de normas gerais, não por estar regulando uma limitação,[112] e sim por seu caráter integrativo nacional excepcional, cujo objetivo será o de, complementando a Constituição,

---

[110] Em sentido quase idêntico, CARRAZZA, Roque Antonio. *Curso de Direito Constitucional Tributário*, p. 771. O autor afirma, no tocante a esta parte da previsão do art. 146, estarem as limitações ao poder de tributar já encartadas no Texto Superior, funcionando como "mandamentos auto-aplicáveis", que, por isso mesmo, prescindem de integração legal ou infralegal para terem plenas condições de operacionalidade.

[111] Ibid., p. 783-784.

[112] Conforme o item 1.3.2 infra, imunidade não é limitação ao poder de tributar, mas sim regra de delimitação de competência para tributar.

harmonizar o sistema, unificando os requisitos entre todas as pessoas políticas, para, em última análise, evitar disparidades dentro da Federação. Atualmente, tais requisitos encontram-se fixados no art. 14 do Código Tributário Nacional, regra que, mesmo dentro do Livro Primeiro – Sistema Tributário Nacional – tem o caráter de norma geral de Direito Tributário.

No que se refere ao surgimento dos conflitos de competência, poderão ocorrer situações em que, numa zona de atuação que podemos considerar como "nebulosa" ou de não tão fácil interpretação por parte dos Poderes Legislativos parciais, tanto uma pessoa política quanto outra pode achar-se incumbida de dispor sobre norma tributária inerente a determinada situação. Neste caso, estará caracterizada uma possibilidade de invasão, por parte de um membro da Federação, de um espaço previamente autorizado pela Constituição para outro nele exercer, de forma autônoma e privativa, o poder de instituir regras inerentes à tributação. Relativamente ao alcance da expressão "conflitos de competência", merece transcrição a conclusão alcançada por Navarro Coelho:

"Dá-se, porém, que não são propriamente conflitos de competência que podem ocorrer, mas invasões de competência em razão da insuficiência intelectiva dos relatos constitucionais pelas pessoas políticas destinatárias das regras de competência relativamente aos fato geradores de seus tributos, notadamente impostos. É dizer, dada pessoa política mal entende o relato constitucional e passa a exercer a tributação de maneira mais ampla que a prevista na Constituição, ocasionando fricções, atritos, em áreas reservadas a outras pessoas políticas".[113]

---

[113] NAVARRO COELHO, Sacha Calmon. *Curso de Direito Tributário Brasileiro*, p. 103-104.

Conforme já anteriormente proclamado, essa possibilidade de invasão não será, em um primeiro momento, resolvida pelo Poder Judiciário, mas efetivamente pela lei de normas gerais. Esse é o objetivo da lei nacional que ora estudamos: dar eficácia aos ditames constitucionais, evitando a propagação das invasões de competência, de forma mais ágil e imediata. Por se tratar de norma dirigida aos poderes legislativos das ordens parciais, seu objetivo será, não o de efetivamente resolver as invasões ditas instauradas, decorrentes de leis já editadas, as quais já originaram inclusive efeitos, ou interpretar a norma constitucional conflituosa, ambas funções do Judiciário, mas sim dispor, evitando as possíveis invasões, de forma meramente declaratória a respeito da competência outorgada.[114]

Como aplicação ao caso concreto, podemos referir os conflitos inerentes à tributação pelo imposto sobre serviços existentes antes da edição do Decreto-Lei 406/68,[115] o qual, à luz da Constituição de 1988, recebeu o caráter de norma geral em matéria de legislação tributária. Eram verificados, por exemplo, casos em que, nas denominadas "operações mistas",[116] o fato gerador do imposto poderia vir a implicar também a incidência do ICM – imposto existente na época. Neste caso, podemos citar as operações realizadas em oficinas de veículos, onde eram vendidas peças (circulação de mercadorias) e eram prestados serviços (conserto). Evidentemente que o Estado queria tributar a venda, e o

---

[114] Conforme leciona CARRAZZA, Roque Antonio. *Curso de Direito Constitucional Tributário*, p. 772.

[115] O referido Decreto-Lei, na época, era o instrumento apropriado para dispor sobre as normas gerais de Direito Tributário. Suas alterações, posteriormente à promulgação da Constituição de 1988, assim como ocorre com o Código Tributário Nacional, dar-se-ão tão-somente por meio de lei complementar, instrumento hoje apropriado para dispor sobre normas gerais em matéria de legislação tributária.

[116] NAVARRO COELHO, Sacha Calmon. *Curso de Direito Tributário Brasileiro*, p. 104.

84   *Fábio Canazaro*

Município, o serviço. A solução efetiva somente ocorreu através da edição do Decreto-Lei antes referido, que enumerava os serviços tributados pelo ISS, com exclusão de ICM, bem como os casos em que mercadorias fornecidas com serviços sujeitavam-se à incidência do Imposto sobre a Circulação de Mercadorias.

Ressaltamos que parte da doutrina ainda entende que o referido Decreto-Lei é restritivo com relação à autonomia municipal constitucionalmente outorgada, já que estaria, como instrumento hierarquicamente inferior à Constituição, delimitando o campo de incidência do ISS. Na realidade, inexiste restrição, pois como já verificado, o princípio federativo e a autonomia municipal têm de estar em harmonia com o princípio do Estado Democrático de Direito. E, para essa harmonia, o elo é justamente a norma geral, a qual, no caso concreto, resolveu o aparente conflito de competência, através do condão de norma explicitadora da competência instituída pela Lei Fundamental.

Em idêntico sentido posicionou-se o Supremo Tribunal Federal a respeito da recepção do Decreto-Lei 406/68, como lei complementar de normas gerais, pela CF/88. Pertinente é a transcrição de parte do voto da lavra do Min. Carlos Velloso:

"Abrindo o debate, deixo expresso o meu entendimento no sentido de que as disposições inscritas nos §§ 1° e 3° do DL 406/68 não configuram isenção. O art. 9° e seus § § dispõe a respeito da base de cálculo do ISS, certo que, na forma estabelecida pela Constituição Federal, art. 146, III, a, cabe à lei complementar estabelecer normas gerais em matéria de legislação tributária, especialmente sobre a definição de tributos e de suas espécies, bem como, em relação aos impostos discriminados na Constituição, a dos respectivos fatos gerados, bases de cálculo e contribuintes. Ora, o DL 406/68, foi rece-

Lei Complementar Tributária na Constituição de 1988 **85**

bido como lei complementar, a lei complementar do ICMS e do ISS. (...) Cabendo à lei complementar definir a base de cálculo dos impostos discriminados na Constituição, (CF/88, art. 146, III, *a*), certo que o DL 406/68 foi recebido como lei complementar (...)".[117]

Outro exemplo que podemos nominar é o referente à tributação dos serviços prestados pelos provedores de internet, sobre os quais ainda paira certa discussão acadêmica a respeito de qual ente da Federação estaria autorizado a tributar a referida situação. Neste caso, a doutrina tem divergido, parte considerando tal serviço como tributável pelo ICMS – serviço de comunicação – enquanto outra parte tem entendido por tributar pelo ISS. Esta é outra questão que poderá vir a merecer, por parte do legislador nacional, a edição de norma geral delineando explicitamente a previsão constitucional a respeito da repartição dessas competências para o caso concreto.

Correto, portanto, é afirmar que as normas gerais de Direito Tributário terão sempre o condão de dispor objetivando a solução das invasões de competência por parte das pessoas políticas incumbidas do encargo de legisladores parciais da Federação. Cumpre referir, no entanto, que essas invasões não serão referentes apenas à questão de quem tributará o quê; de uma forma mais ampla, deverão ser referentes às garantias de uniformidade entre os detentores da competência outorgada. Ou seja, as invasões poderão ocorrer por outro prisma, como, por exemplo, com referência ao disciplinamento do lançamento e da prescrição tributária – também nestes casos, dentre outros explícitos ou implícitos, o sistema deverá manter-se uniforme, observando a eficácia das normas gerais.

---

[117] Tribunal Pleno do Supremo Tribunal Federal, RE 236604, rel. Ministro Carlos Velloso, *DJU*. 26-05-1999.

86   *Fábio Canazaro*

Utilizando como exemplo a questão do lançamento por homologação, não poderá uma pessoa política, ainda que tenha poder para instituir determinado tributo, dispor de maneira diversa alterando os preceitos, que obviamente são uniformes e que, por isso, estão previstos em lei complementar de normas gerais. A sujeição às regras desse tipo em nada influirá na autonomia dos legisladores parciais da Federação. A liberalidade extrema e geral, defendida por alguns autores[118] como decorrente da autonomia federativa, não poderá ser reconhecida como válida, pois ela causa diferenciação em situações de equivalência, resultando em insegurança jurídica e em quebra do sistema. Nesse sentido, Carvalho, ainda que anteriormente reconheça na sua obra uma segunda função para as normas gerais, argumenta:

"Pode o legislador complementar, invocando a disposição do art. 146, III, a, definir um tributo e suas espécies? Sim, desde que seja para dispor sobre conflitos de competência. Ser-lhe-á possível mexer no fato gerador, na base de cálculo e nos contribuintes de determinado imposto? Novamente sim, no pressuposto de que o faça para dispor sobre conflitos. E quanto à obrigação, lançamento, crédito, prescrição e decadência tributários? Igualmente, na condição de satisfazer aquela finalidade primordial".[119]

Assim, diferentemente do defendido por parte da doutrina fiel ao extremo à corrente dicotômica, a previsão constitucional do art. 146, inciso III, alíneas "a" e "b", também é válida. Em face disso, cabe agora definir os lindes de sua aplicação na prática, dentro do ordenamento.

---

[118] ESTEVES, Maria do Rosário. *Normas Gerais de Direito Tributário*, p. 109 ss.

[119] CARVALHO, Paulo de Barros. *Curso de Direito Tributário*, p. 208.

2.3.3. A definição das Normas Gerais em matéria de legislação tributária

No tocante aos objetivos materiais da lei de normas gerais previstos no inciso III do art. 146 da Constituição de 1988,[120] a primeira função expressa verificada é a de definir os tributos e suas espécies. Porém, para o intérprete poderá surgir a primeira dúvida a respeito da efetividade dessa regra, uma vez que essas definições já estariam explícitas ou implícitas no Texto Constitucional. Embora já estejam definidos na própria Constituição, e alguns deles também no Código Tributário Nacional, o qual possui, dado seu caráter mesmo que parcial de norma geral, eficácia de lei complementar, existem outros tributos que ainda assim deverão ser definidos pela lei complementar. Neste caso, a própria Carta Magna prevê tal ocorrência, por exemplo, quando ocorre a instituição de empréstimos compulsórios (art. 148) e de impostos residuais (art. 154, I). Logo, a lei complementar poderá atuar no caso concreto, não chegando exatamente a definir nem os tributos nem as suas espécies, pois isso a própria Constituição já faz; mas, em casos expressos, atuando como lei instituidora dos tributos que a requisitem conforme o Texto Supremo, caso em que a lei complementar descerá aos pormenores, sem obviamente alterar a dimensão a que se propõe a Lei Maior.

Como anteriormente afirmamos, partindo desse entendimento inexiste, conforme certos doutrinadores proclamam, uma "quarta" função para a lei complementar de Direito Tributário em face do caráter de delegação de competência constitucional à União, enquanto pessoa de direito público interno.[121] O que ocorre é tão-somente a concretização do previsto no art. 146, II, "a", pois ainda

---

[120] Com dispositivos acrescentados pela EC n 42/2003.

[121] Em sentido contrário, NAVARRO COELHO, Sacha Calmon, *Curso de Direito Tributário Brasileiro*, p. 96.

em alguns casos a instituição de tributos constitui objeto da lei complementar.

A mesma alínea "a" prevê, como segundo objeto da lei complementar de normas gerais em matéria de legislação tributária, a definição, em relação aos impostos discriminados na Constituição, dos respectivos fatos geradores, da base de cálculo e dos contribuintes. Em atenção a esse tópico, mantemos mais uma vez a já adotada posição. Primeiramente, o Código Tributário Nacional foi o responsável por parte dessas definições. Após a promulgação da Constituição Federal de 1988, o Código tornou-se, nesse aspecto, meramente declaratório, no que não contraria a Lei Maior. De resto, sem diminuir a autonomia das pessoas políticas decorrente da determinação constitucional, pode ser reconhecida a pertinência de apenas algumas leis complementares que atuam de forma isolada e que estão materialmente previstas na própria Constituição. Como exemplo podemos citar a Lei Complementar n° 87/96, que definiu o fato gerador, a base de cálculo e os contribuintes do ICMS; com isso, estabelece, em observância ao seu caráter nacional, normas gerais que obviamente deverão ser cumpridas pelas ordens parciais, no caso as estaduais. Nesse exato sentido, o Supremo Tribunal Federal tem-se manifestado em diversos arestos, justificando a aplicação plena do art. 146 da Constituição de 1988, como o que aqui transcrevemos:

> "Dentre as garantias constitucionais explícitas, e a constatação não exclui o reconhecimento de outras decorrentes do próprio sistema adotado, exsurge-se a de que somente à lei complementar cabe 'a definição de tributos e de suas espécies, bem como em relação aos impostos discriminados nesta Constituição, a dos respectivos fatos geradores, base de cálculo e contribuintes'".[122]

---

[122] Tribunal Pleno do Supremo Tribunal Federal, RE 172058-SC, rel. Ministro Marco Aurélio, *DJU*. 30-06-1995.

Lei Complementar Tributária na Constituição de 1988   89

A previsão constitucional da alínea "a" e o seu respectivo alcance ocorrem somente sobre os impostos, não cabendo à lei complementar, na espécie contribuições sociais, dispor sobre fatos geradores, bases de cálculo e contribuintes.[123] Tal posicionamento vem sendo adotado pelo Supremo Tribunal Federal desde a análise da constitucionalidade da Lei n° 7.689/88, que instituiu a contribuição social sobre o lucro líquido. Vejamos os exatos termos adotados no voto da lavra do Relator, Min. Moreira Alves:

"(...) com relação aos fato geradores, bases de cálculo e contribuintes, o próprio artigo 146, III, só exige estejam previstos na lei complementar de normas gerais quando relativos aos impostos discriminados na Constituição, o que não abrange as contribuições sociais, inclusive as destinadas ao financiamento da seguridade social, por não configurarem impostos".[124]

Passamos, então, ao exame da alínea "b": obrigação, lançamento, crédito, prescrição e decadência tributários. Parte da doutrina tem afirmado ser esta uma função didática[125] e não do Congresso Nacional. Ao menos em parte, pensamos diferente. Não podemos negar que os intérpretes devem elaborar os conceitos; no entanto, até mesmo a Constituição, dado o seu caráter exaustivo, em alguns casos define-os, o que não impede sejam os mesmos posteriormente analisados e interpretados pela doutrina. Neste caso, uma das funções das normas gerais é definir obrigação, lançamento, crédito, prescrição e de-

---

[123] Supremo Tribunal Federal, AgR em RE 389001-PR, rel. Ministro Carlos Velloso, *DJU*. 05.03.2004, p. 30 e *Ementário* vol. 02142-09, p. 1599.

[124] Tribunal Pleno do Supremo Tribunal Federal, RE 146733-SP, rel. Ministro Moreira Alves, *DJU*. 06-11-1992.

[125] ATALIBA, Geraldo. Lei Complementar em matéria tributária. Conferências e debates, *Revista de Direito Tributário* n° 48, p. 92.

cadência tributárias, de forma a explicitar, qualificar e determinar exatamente o grau de atuação daqueles institutos sobre as leis tributárias editadas pelos entes da Federação.

Dado o seu caráter geral, tal tarefa acertadamente tem sido cumprida pelo Código Tributário Nacional. Atualmente, é o CTN que define os pormenores dos referidos institutos, sem ferir a autonomia das ordens parciais. As regras relativas ao lançamento, por exemplo, estão no Código, cuja definição minuciosa deverá ser observada pelos legisladores da União, dos Estados, do Distrito Federal e dos Municípios. A intenção não é a de restringir a autonomia; ao contrário, de maneira geral, equilibra-a, concretizando a realização do valor segurança jurídica.

Por fim, cumpre examinar a tarefa atribuída à lei complementar de normas gerais pela Emenda Constitucional nº 42, de 19 de dezembro de 2003. A alínea "d" prevê, como quarto objeto, a definição de tratamento diferenciado e favorecido para as microempresas e para as empresas de pequeno porte, inclusive no tocante ao estabelecimento de regimes especiais ou simplificados para o ICMS e para as contribuições sociais elencadas nos artigos 195, I, e 239, da CF/88.

Essa é uma lei de normas gerais de caráter integrativo nacional, cujos objetivos são o estabelecimento de tratamento diferenciado, o estabelecimento de tratamento favorecido e a definição de regimes especiais ou simplificados de tributação para os contribuintes ali nominados (micros e pequenas empresas). Mais uma vez, a presente lei complementar atuará sem aniquilar a autonomia das pessoas políticas decorrentes da competência constitucional outorgada; mas, na medida do necessário e de maneira a evitar disparidades, definirá em observância ao seu caráter nacional formas ou meios para que tais empresas gozem de um tratamento tributário que, além de diferenciado, como já previa o art. 179

Lei Complementar Tributária na Constituição de 1988

da Constituição Federal,[126] seja também mais favorecido, pois leva em consideração o porte e, conseqüentemente, a capacidade contributiva daquelas espécies.

Em especial, o próprio dispositivo já referiu uma das utilidades na inserção dessas normas no sistema – instituir regimes especiais ou simplificados para o ICMS e para as contribuições sociais a cargo do empregador, das empresas ou de entidades a ela equiparadas. Tal diferenciação visa, em última análise, a implementar através da redução do ônus tributário a atividade dessas empresas ou setores, que pelo porte reduzido mostram-se menos desenvolvidas.

Relativamente às contribuições sociais, a intenção é a de na prática estabelecer regras que tornarão as incidências originárias das competências outorgadas pelo art. 195, I, e pelo art. 239, mais favoráveis às micros e pequenas empresas frente às empresas em geral. O mencionado benefício poderá, por exemplo, ser instituído de maneira a definir uma nova forma de incidência daquelas contribuições (como a prevista no § 12 do art. 195)[127]; ou ainda de maneira a estabelecer normas especiais sobre a não-cumulatividade, sobre a forma de pagamento e até mesmo sobre obrigações acessórias, quando aplicáveis àqueles contribuintes.

Assim também ocorre com relação ao atual ICMS. Como já se verificou, é uma lei de normas gerais que estabelece o que denominamos de diretrizes para a instituição, por parte dos Estados, deste imposto. Com o advento da Emenda Constitucional n° 42/03 diferentemente não será, já que a lei complementar prevista na alínea "d" do art. 146 poderá, para determinados tipos

---

[126] Art. 179. A União, os Estados, o Distrito Federal e os Municípios dispensarão às microempresas e às empresas de pequeno porte, assim definidas em lei, tratamento jurídico diferenciado, visando a incentivá-las pela simplificação de suas obrigações administrativas, tributárias, previdenciárias e creditícias, ou pela eliminação ou redução destas por meio de lei.

[127] Redação acrescentada pela EC n° 42, de 19-12-2003.

92   *Fábio Canazaro*

de empresas, definir a forma especial e simplificada de incidência do ICMS. Tais pormenores visam, mais uma vez, a garantir relações de igualdade entre os contribuintes e o tratamento dispensado às operações por parte dos entes da Federação, sem obviamente retirar a autonomia destes últimos para instituir, arrecadar, fiscalizar e utilizar as receitas tributárias dali decorrentes. No tocante à instituição de um regime único de arrecadação no âmbito das três esferas da Federação, o parágrafo único do art. 146 adequou-se muito bem à previsão constitucional de utilização da lei complementar de normas gerais em matéria de legislação tributária. Com a intenção de tornar uniforme a incidência única, a referida regra estabeleceu condições imprescindíveis à efetivação do sistematicamente proposto: a livre opção do contribuinte em participar ou não do regime único, a possibilidade de diferenciação no enquadramento baseando-se na localização do Estado, a unificação e a centralização da arrecadação com repasse imediato das parcelas destináveis, vedado qualquer tipo de retenção ou condicionamento ao repasse, e o compartilhamento das atividades de fiscalização, arrecadação e cobrança, com a adoção do necessário cadastro nacional único de contribuintes. Tais condições passarão a ser efetivadas pela lei complementar de normas gerais, justamente em decorrência da harmonia dos princípios integrantes da relação, os quais já foram previamente estudados.

Mais uma vez salientamos, no entanto, que a previsão do art. 146 não é taxativa. Outros institutos inerentes à tributação, que passam a ser enquadrados no conceito de normas gerais, podem ser tratados por essa lei complementar, desde que seja observada, para o caso concreto, a necessidade de harmonia do sistema. Esse caráter exemplificativo e o conteúdo valorativo decorrente da necessidade de equilíbrio imposto às normas gerais vêm sendo reconhecidos, inclusive, pelo Supremo

Lei Complementar Tributária na Constituição de 1988   **93**

Tribunal Federal.[128] Em idêntico sentido, ainda, justificando a merecida importância dada à norma geral que unifica o sistema, pertinente é a lição de Navarro Coelho:

> "A vantagem está na unificação do sistema tributário nacional, epifenômeno da centralização legislativa. De norte a sul, seja o tributo federal, estadual ou municipal, o fato gerador, a obrigação tributária, seus elementos, as técnicas de lançamento, a prescrição, a decadência, a anistia as isenções etc. obedecem uma mesma disciplina normativa, em termos conceituais, evitando o caos e a desarmonia".[129]

A lei complementar de normas gerais tem, ainda, um outro objeto material especificado na Constituição, que não se encontra previsto no artigo 146. O art. 146-A, introduzido pela Emenda Constitucional nº 42, de 19 de dezembro de 2003, traz a previsão de edição de uma lei complementar de normas gerais, cujo objetivo é o de estabelecer critérios especiais de tributação para prevenir desequilíbrios de concorrência.

Essa lei complementar visa a concretizar o princípio da atividade econômica; assim, serão minimizados, através de um instrumento geral, os efeitos da concorrência desequilibrada de forma ampla, diferentemente do que ocorre com as contribuições de intervenção no domínio econômico. Parece lógico, portanto, que, em face da amplitude deste dispositivo, mais uma vez deverão ser observados com atenção, por parte dos legisladores, os contornos constitucionais predeterminados à edição da lei complementar de normas gerais. No caso, é necessário que se façam muito bem presentes os critérios materiais que justificam a instituição do tratamento

---

[128] Supremo Tribunal Federal, RE 407190-PR, rel. Ministro Marco Aurélio. Decisão ainda não publicada.

[129] NAVARRO COELHO, Sacha Calmon. *Curso de Direito Tributário Brasileiro*, p. 114-115.

diferenciado, dando-se especial atenção aos critérios de uniformidade e estabilidade legislativa da Federação e aos princípios da igualdade e do livre exercício da atividade econômica.[130] Dessa forma, tais normas não restringirão, sem motivo razoável, a atividade econômica dos contribuintes.

Diante do que foi visto até aqui, podemos afirmar que as normas gerais em matéria de legislação tributária são normas de atuação uniformizadora, as quais explicitam os meandros constitucionais a fim de que sejam evitadas invasões e disparidades entre os detentores das competências tributárias. Esse caráter uniformizador, que buscamos atribuir às normas gerais, tem como fundamento o já abordado princípio do Estado Democrático de Direito, o qual é baseado na realização dos valores supremos de igualdade, de liberdade e de sociabilidade, em conjugação com o princípio federativo, objetivando o fim das desigualdades regionais e o tratamento digno ao cidadão contribuinte.

Em outras palavras, as normas gerais em matéria de legislação tributária não restringem a liberdade dos contribuintes ou substituem a competência constitucionalmente outorgada, mas estabelecem critérios delineadores às pessoas políticas da Federação enquanto agentes legislativos parciais, padronizando o regramento básico da obrigação tributária, de forma a conferir uniformidade ao sistema tributário nacional.[131] Devido ao seu caráter uniformizador de conceitos, as normas gerais têm ação eminentemente harmonizadora – atuam sobre matérias próprias constitucionalmente delimitadas e de caráter geral, aplicadas indistintamente sobre todos os entes da Federação,[132] em respeito ao princípio do Estado Democrático de Direito.

---

[130] ÁVILA, Humberto Bergmann. *Sistema Constitucional Tributário*, p. 141.

[131] AMARO, Luciano. *Curso de Direito Tributário*, p. 165.

[132] REIS, Elcio Fonseca. *Federalismo Fiscal - Competência Concorrente e Normas Gerais em Direito Tributário*, p. 177 ss.

Lei Complementar Tributária na Constituição de 1988

Atuando diretamente sobre os poderes legislativos parciais, quando na qualidade de legisladores ordinários, da União, dos Estados, do Distrito Federal e dos Municípios, as referidas normas gerais devem sempre ser aplicadas em conjunto com os princípios estruturantes do sistema, bem como com as próprias normas que estabelecem as competências tributárias. Por isso, correta tem sido a afirmação da melhor doutrina,[133] que assegura serem as normas gerais "leis de quadro" ou "de moldura", cuja função será não a de limitar, mas sim a de delinear o alcance da competência dos entes federais, estaduais, municipais e distrital, inclusive quanto ao aspecto espacial possível para a hipótese de incidência de cada exação, objetivando evitar a ocorrência de invasões de competência. Diante disto, as normas gerais não podem ser exaustivas, tampouco podem atuar impedindo o exercício da competência legislativa dos entes políticos da Federação. A este respeito, é oportuna a posição defendida por Derzi:

> "Já nos estados federados, as normas gerais versam sobre matéria que, originalmente, é de competência também dos Estados-membros e Municípios, padronizando a normatividade do conteúdo a ser desenvolvido pela legislação ordinária desses entes estatais e da própria União e tomando de suma relevância a difícil tarefa de traçar-lhes os lindes".[134]

À vista do até aqui considerado, cumpre, agora, elaborarmos uma proposta conceitual para as normas gerais em matéria de legislação tributária. Na dicção constitucional, normas gerais em matéria de legislação

---

[133] REIS, Elcio Fonseca. *Federalismo Fiscal - Competência Concorrente e Normas Gerais em Direito Tributário*, p. 180.

[134] DERZI, Misabel de Abreu Machado. Na revisão e complementação, à luz da Constituição de 1988, da Clássica obra de Aliomar Baleeiro, *Limitações Constitucionais ao Poder de Tributar*, p. 107 ss.

tributária são aquelas que possuem atuação uniformizadora, para evitar possíveis invasões de competência; são normas que, explicitando os meandros constitucionais, atuam sem restringir a liberdade dos contribuintes ou substituir a outorga constitucional, estabelecendo critérios delineadores às pessoas políticas da Federação enquanto agentes legislativos parciais, especialmente com relação aos seguintes temas: a) definição de tributos e de suas espécies, descendo aos pormenores dos assim requisitados pela Constituição; b) definição em relação aos impostos discriminados na Constituição, dos respectivos fatos geradores, da base de cálculo e dos contribuintes; c) obrigação, lançamento, crédito, prescrição e decadência tributários; d) definição de tratamento diferenciado e favorecido para as microempresas e para as empresas de pequeno porte, inclusive no tocante ao estabelecimento de regimes especiais ou simplificados para o ICMS e para as contribuições sociais dos artigos 195, I, e 239 da CF/88.

Assim, a interpretação sobre o conteúdo normas gerais em matéria de legislação tributária será correta quando realizada através dos padrões anteriormente propostos, ou seja, diante do conteúdo de toda a Constituição. Para tanto, devem ser utilizados como pilares o princípio federativo e a autonomia municipal, cujo objetivo é assegurar a autonomia financeira e a repartição das competências, bem como o princípio do Estado Democrático de Direito, cujo objetivo é, no caso, o de uniformizar e harmonizar, através da lei, o sistema tributário nacional.

2.4. O CÓDIGO TRIBUTÁRIO NACIONAL COMO INSTRUMENTO DE NORMAS GERAIS

É inegável a associação, por parte de quem estuda o Direito Tributário, das normas gerais em matéria de legislação tributária para com o Código Tributário Nacional – Lei n° 5.172/66. Em que pese a figuração, hoje, de normas gerais em diversos outros diplomas extravagantes, é nesse Código que a maioria pode ser encontrada de forma reunida, vinculando todos os entes da Federação, de forma a balizar o exercício da competência tributária.[135] Parte da doutrina julga pouco útil a referida codificação enquanto instrumento de normas gerais, dada a sua utilidade didática somente em alguns poucos artigos.[136] Entretanto, face ao objetivo proposto, será relevante analisarmos o CTN, à luz do art. 146 da CF/88.

Inicialmente, examinemos a linguagem utilizada pelo legislador. O objetivo não é o de criticar as idéias de Rubens Gomes de Souza, idealizador das "Normas Gerais do Direito Tributário" e do próprio Código Tributário Nacional, mas sim adequá-lo dentro do sistema, de forma a atribuir sua real utilidade à luz da Constituição de 1988. Sob tal aspecto, importante destacar que o CTN, quando interpretado e aplicado hoje, deve estar harmonizado também ao princípio federativo e à autonomia municipal, já que na época de sua edição, na Constituição de 1946, o objetivo precípuo da codificação era diverso, submetendo as ordens parciais ao Poder Central.[137]

Logo no índice, já visualizamos a sua divisão em dois livros: Livro Primeiro – Sistema Tributário Nacional; e Livro Segundo – Normas Gerais de Direito Tributário. Levantada entre nós por Carvalho,[138] aqui imediatamente é verificada a primeira questão de linguagem que merece interpretação correlata. Ocorre que,

---

[135] Conforme leciona AMARO, Luciano. *Curso de Direito Tributário*, p. 109.

[136] Nesse sentido é a lição de CARRAZZA, Roque Antonio. *Curso de Direito Constitucional Tributário*, p. 780.

[137] NAVARRO COELHO, Sacha Calmon. *Curso de Direito Tributário Brasileiro*, p. 377.

[138] CARVALHO, Paulo de Barros. *Curso de Direito Tributário*, p. 193-194.

pela literalidade da divisão, ao intérprete mais apressado poderiam parecer independentes as normas gerais frente ao Sistema Tributário Nacional, o que na realidade não faz sentido. Obviamente que as normas gerais fazem parte do Sistema Tributário Nacional, atuando, conforme verificado, como normas estruturadoras e harmonizadoras da tributação nacional. A regra constitucional assim dispôs e, diversa ou isoladamente, não podemos buscar outra significância.

À frente, no art. 1º, mais uma questão merece destaque. Resumidamente diz a regra: Esta Lei regula o Sistema Tributário Nacional. A redação é inexata: quem regula o Sistema Tributário é a Constituição.[139] Correto aqui seria a seguinte redação: esta lei estabelece normas gerais em matéria de legislação tributária. Na realidade, o estudo do Código Tributário deverá ser feito conforme a Constituição – Lei Fundamental Tributária,[140] isto é, apenas como instrumento de normas gerais. De resto, a competência, em face do princípio federativo e da autonomia municipal, será dos próprios legisladores parciais, e não do legislador nacional de normas gerais, como bem fundou a Lei Maior.

A par disso, o Código somente será útil quando atuar como norma geral, explicitando os preceitos constitucionais e atuando como elemento harmonizador do sistema. Tal função foi, em parte, condenada por Ataliba, em decorrência de a codificação apenas e desnecessariamente repetir a Constituição[141] – em diversas passagens,

---

[139] ATALIBA, Geraldo. Lei Complementar em matéria tributária. Conferências e debates. *Revista de Direito Tributário* n° 48, p. 95.

[140] Conforme leciona CARRAZZA, Roque. *Curso de Direito Constitucional Tributário*, p. 781.

[141] ATALIBA, Geraldo. Lei Complementar em matéria tributária. Conferências e debates. *Revista de Direito Tributário* n° 48, p. 97. Destacou o autor: "Todos os doutrinadores do mundo ensinam que a lei não tem que definir, não tem que conceituar coisa alguma; isso é tarefa da doutrina, inclusive porque a própria se checa, se confronta, há reflexões que em torno dela que se aperfeiçoam."

Lei Complementar Tributária na Constituição de 1988

traz preceitos meramente didáticos. Entretanto, o CTN é anterior à CF/88. Muitas das suas regras não se faziam presentes na Carta anterior: somente agora, em 1988, foram elevadas ao grau de normas constitucionais. Portanto, o melhor entendimento ainda é diverso do defendido por Ataliba. Como já visto, a consideração do repetitivo é desnecessária em face da Lei Maior, mas o caráter explicitador ou declaratório – não interpretativo[142] – é o atribuído pela própria Constituição de 1988 às normas gerais em Direito Tributário, na busca da segurança jurídica e da harmonia do sistema. Assim, o que não estiver em choque com a Constituição atual e que puder ser caracterizado conforme nossa proposta como norma geral de Direito Tributário, por exemplo, as regras inerentes ao crédito tributário (constituição, suspensão, extinção, decadência e prescrição) devem ser definidas como matérias constitucionalmente inseridas no CTN e não extrapolam, como proclama parte da doutrina, a autonomia das pessoas políticas de direito público interno.[143]

Outro tema que merece atenção é a questão relativa à recepção do Código Tributário Nacional pela Constituição de 1988.[144] Apropriado para a época, o processo legislativo que instituiu o CTN foi o previsto para a edição de lei ordinária porque, naquele momento, a Constituição não exigia o instrumento lei complementar para inserir no sistema as "normas gerais em matéria de

---

[142] CARRAZZA, Roque Antonio. *Curso de Direito Constitucional Tributário*, p. 782. Observa com pertinência: "as normas interpretativas, por se apresentarem despidas de imperatividade (já que não proíbem, nem mandam, nem facultam), não são verdadeiras normas jurídicas".

[143] Em sentido contrário, afirma ESTEVES, Maria do Rosário. *Normas Gerais de Direito Tributário*, p.107-108.

[144] A respeito de recepção de normas pelas constituições supervenientes, vide MIRANDA, Jorge. *Manual de Direito Constitucional - constituição e inconstitucionalidade*, p. 276.

legislação tributária". Com o advento das Cartas de 1967 e 1988, que reclamavam a existência de lei complementar para a edição das normas gerais, o CTN teve alterada a sua natureza jurídica. Passou o Código, ao dispor sobre normas gerais, a ser lei materialmente complementar. Isto é, no tocante ao aspecto formal, permanece o Código como lei ordinária; entretanto, os dispositivos referentes às normas gerais somente podem ser alterados por lei complementar, conforme preleciona a Constituição vigente. A referida posição foi adotada também pelo Supremo Tribunal Federal, ainda na vigência da Constituição de 1967, quando examinava a questão relativa ao fato gerador do imposto de importação em face da aplicação do CTN e do Decreto-Lei n° 37/66. Nesse caso, sob o relatório do Min. Moreira Alves, ratificou a Corte que ambos os diplomas – CTN e Decreto-Lei n° 37/66, com o advento da Constituição de 1967 – passaram a ser materialmente considerados leis complementares. Merece transcrição o trecho em que é fundamentada a posição há tanto tempo já definida:

"Não é desarrazoada a interpretação de que, em tais hipóteses, se aplica o artigo 23 do Decreto-Lei n° 37/66, não podendo afastá-lo sob o fundamento de ser o C.T.N. lei complementar, uma vez que ambos – o C.T.N. e do Decreto-Lei n° 37/66, que lhe é posterior entraram em vigor anteriormente à Constituição de 1967, sendo, portanto, leis ordinárias que, no tocante às normas gerais de direito tributário (...) passaram a considerar-se como leis complementares a partir da vigência daquela Constituição".[145]

---

[145] Supremo Tribunal Federal, RE 90471, rel. Ministro Moreira Alves, *DJU.* 01.06.1979.

Lei Complementar Tributária na Constituição de 1988 **101**

2.5. A POSSIBILIDADE DO ESTABELECIMENTO DE PRAZOS DECADENCIAIS E PRESCRICIONAIS TRIBUTÁRIOS PELA LEI DE NORMAS GERAIS

Cumpre, neste momento, analisarmos a maior divergência doutrinária no tocante às normas gerais em matéria de legislação tributária. É o caso da possibilidade de serem estabelecidos os prazos decadencial e prescricional das contribuições previdenciárias – contribuições sociais para o custeio da Seguridade Social – pelo Código Tributário Nacional, que nesse aspecto atua como norma geral em observância ao constitucionalmente previsto. Ocorre que a Lei da Seguridade Social – 8.212, de 24 do julho de 1991 – dispôs, em seus artigos 45 e 46, que os prazos de decadência e prescrição são de dez anos. Em contrapartida, o Código Tributário Nacional, que no tocante a algumas matérias possui o caráter de norma geral em matéria de legislação tributária, estabelece em seus artigos 173 e 174 os prazos de cinco anos. É visível, portanto, estarmos frente a um conflito aparente de normas. Melhor dizendo, é um conflito de uma lei específica a uma espécie de tributo – decorrente da outorga de competência constitucional parcial à União para instituir contribuições sociais – frente a uma lei de normas gerais, de cujos preceitos declaratórios, explicitadores ou informativos, conforme a interpretação que procuramos atribuir ao art. 146 da CF/88, emanarão efeitos sobre toda a legislação inferior, que por isso deve ser considerada parcial.

Para o caso concreto, como já ponderado, somente uma interpretação à luz do princípio federativo, da autonomia municipal, e do princípio do Estado Democrático de Direito, poderá solver tais divergências, de forma que restem por estabelecidos, em última análise, os limites de atuação das normas gerais para esse caso. A questão, portanto, cinge-se à seguinte discussão: o estabelecimento de prazos decadenciais e prescricionais afronta a autonomia das pessoas políticas no tocante às regulações constitucionalmente outorgadas? Ou é considerada mais uma matéria atribuída pela Constituição à lei de normas gerais, objetivando a unificação do sistema, cujo interesse maior reside na segurança da relação fisco-contribuinte, bem como na igualdade de tratamento tributário? A doutrina não é unânime ao posicionar-se diante dessa questão.

Carrazza,[146] argumentando com fundamento, chega a concordar que as contribuições previdenciárias são espécie do gênero tributo, devendo, por isso, obedecer aos ditames do art. 146 da Constituição. Para o autor, cabe às normas gerais o disciplinamento da decadência e da prescrição tributária, inclusive em decorrência da harmonia estabelecida com o princípio federativo, com a autonomia municipal e com a autonomia distrital. O que não aceita o jurista, no entanto, é que a lei de normas gerais aborde questões tão detalhadas, como o estabelecimento dos prazos relativos àqueles institutos, no tocante a cada ente tributante autônomo. Nesse sentido, leciona Carrazza:

> "Não é dado, porém, a esta mesma lei complementar entrar na chamada 'economia interna', vale dizer, nos assuntos de peculiar interesse das pessoas políticas. Estas, ao exercitarem suas competências tributárias, devem obedecer, apenas, às diretrizes constitucionais. A criação in abstracto de tributos, o modo de apurar o crédito tributário e a forma de se extinguirem obrigações tributárias, inclusive a decadência e a prescrição, estão no campo privativo das pessoas políticas, que lei complementar alguma poderá restringir, nem muito menos anular".[147]

---

[146] CARRAZZA, Roque Antonio. *Curso de Direito Constitucional Tributário*, p. 766.

[147] Ibid., p. 767.

Lei Complementar Tributária na Constituição de 1988 **103**

Em outro giro, ventilando a impossibilidade de a lei ordinária dispor sobre os prazos de decadência e prescrição das contribuições sociais, pertinentes as lições de REIS, que profundamente estudou o alcance das normas gerais no sistema tributário. Argumenta o autor, em atenção ao pacto federativo, que a decadência e a prescrição são incluídas nas matérias de caráter geral, aplicáveis indistintamente a todas as espécies tributárias; e que tal balizamento não impede que os entes políticos legislem, mediante a competência a eles outorgada. Nesse sentido, conclui o autor:

> "Assim, por imposição da Carta Constitucional decadência e prescrição são temas próprios para serem tratados por Lei Complementar de Direito Tributário, valendo como normas gerais, não cabendo ao intérprete restringir o alcance deste dispositivo, excluindo esta ou aquela matéria do campo das normas gerais. E como normas gerais são de observância obrigatória pelos legisladores dos três entes federativos, que podem complementar a matéria tratada em sede de normas gerais adequando-a às peculiaridades e interesses específicos, mas não podem de modo extrapolar os limites impostos pela lei de normas gerais, que lhe é hierarquicamente superior, conforme restou demonstrado".[148]

Outra questão, há algum tempo já enfrentada pelo Supremo Tribunal Federal, teve desfecho ratificando a superioridade da lei de normas gerais (do CTN, no caso), quanto ao estabelecimento dos prazos de decadência e prescrição. Destacamos excerto do voto do Min. Carlos Velloso:

---

[148] REIS, Elcio Fonseca. As normas gerais de direito tributário e a inconstitucionalidade do prazo de decadência e prescrição fixados pela lei 8.212/91, *Revista Dialética de Direito Tributário* n.° 63.

"a questão da prescrição e da decadência, entretanto, parece-me pacificada. É que tais institutos são próprios da lei complementar de normas gerais (art. 146, III, *b*). Quer dizer, os prazos de decadência e de prescrição inscritos na lei complementar de normas gerais (CTN) são aplicáveis, agora, por expressa previsão constitucional, às contribuições parafiscais (C.F., art. 146, III, *b*; art. 149)".[149]

Diante disso, é correto afirmar que devem ser observados, pelos legisladores da União, dos Estados, do Distrito Federal e dos Municípios, os prazos de decadência e de prescrição previstos no Código Tributário Nacional, cuja aplicação deve ser realizada indistintamente por todas aquelas pessoas políticas investidas na função de instituição de tributos, sob a outorga da Constituição. De modo algum, a fixação desses prazos – destinados em um primeiro momento aos legisladores parciais – restringirá, impedirá ou anulará o exercício da autonomia federativa. Muito pelo contrário, uniformizará essa autonomia, inclusive delineando o poder decorrente da repartição das competências a fim de que sejam evitados excessos. Ademais, em decorrência de essa matéria ter sido vinculada expressamente no art. 146 da Lei Superior, o qual requisita, para o disciplinamento, a edição de lei complementar, resta óbvio que a lei ordinária da Previdência Social, ao dispor de forma diversa à norma geral tributária, está invadindo campo material a ela não reservado. Assim, os referidos dispositivos da Lei 8.212/91 podem ser considerados inconstitucionais.

---

[149] Pleno do Supremo Tribunal Federal, RE 148754-RJ, rel. Ministro Carlos Velloso, *DJU.* 04-03-1994.

Conclusão

Chega ao fim o presente trabalho. Antes de iniciarmos a análise dos resultados obtidos com este estudo, convém referir que não nos propusemos a uma síntese minuciosa do que foi abordado, mas sim à demonstração do resultado adequadamente obtido em relação ao almejado e inicialmente proposto. Não dispensando a valorosa contribuição da doutrina e da jurisprudência, o nosso objetivo foi sempre o de adicionar, quando possível, novas contribuições para o esclarecimento de questões inerentes ao tema, as quais contribuirão para a correta efetivação da legislação tributária, em observância ao equilíbrio do sistema.

Levando em consideração o tema central proposto – a definição do campo de atuação da lei complementar em matéria de legislação tributária – optamos por percorrer um caminho que, conforme já referendado, nos fez verter importantes conclusões. O ponto de partida, como não poderia deixar de ser, foi a Constituição Federal de 1988, a qual, estruturada por princípios e regras, definiu os principais aspectos do Sistema Tributário Nacional. Objetivando a busca de uma definição concreta para a lei complementar de Direito Tributário, bem como para as normas gerais em matéria de legislação tributária, chegamos às seguintes conclusões:

1. A competência para instituir a lei complementar de Direito Tributário é do Congresso Nacional, o qual, conforme o caso, atuará como legislador federal no

Lei Complementar Tributária na Constituição de 1988 **107**

exercício da competência típica da União, enquanto pessoa de direito público interno autônoma, ou como legislador nacional, quando na função de elaboração das normas gerais de vinculação nacional.

2. Para delimitar o campo de atuação do instrumento lei complementar tributária, é necessário equacionar os ditames constitucionais próprios relativos à edição da lei complementar com o princípio federativo e a autonomia municipal, e com o princípio do Estado Democrático de Direito.

3. Princípios são as normas jurídicas mais importantes do ordenamento: com aplicação determinada diante dos fatos, concretizam seus fundamentos através de outros instrumentos normativos (regras). Diferentemente das regras, os fundamentos constantes dos princípios devem ser ponderados diante de outros princípios.

4. O Estado Federal brasileiro não pode ser resumido tão-somente na reunião dos Estados e do Distrito Federal – detentores, em conjunto com a União, de autonomia em face do Poder Central. Também deverão ser congregados os Municípios, pois, ao mesmo tempo que os Estados e o Distrito Federal, revelam-se constitucionalmente autônomos no tocante à instituição de tributos relativos à competência constitucionalmente outorgada. Essa autonomia, concedida à União, aos Estados, ao Distrito Federal e aos Municípios, não é absoluta e deve respeitar os limites que a própria Constituição impôs ao seu exercício, dentre eles os materialmente disciplinados ao trato por parte das leis complementares de atuação nacional, em que são enquadradas as leis de normas gerais em matéria de legislação tributária.

5. A aplicação do princípio do Estado Democrático de Direito na edição de lei complementar de atuação nacional ocorre para garantir os valores liberdade, igualdade e sociabilidade, visando ao interesse da coletividade. Tal princípio atuará, para o caso concreto, como

norma garantidora da segurança jurídica do sistema tributário nacional, atribuindo fundamento para que a lei complementar atue como norma uniformizadora, de maneira a preservar tanto os interesses dos contribuintes quanto os dos próprios entes da Federação no tocante às invasões de competência.

6. Lei complementar à Constituição é somente aquela que for aprovada sob *quorum* especial, cuja matéria, observada a exceção da alínea "c" do inciso VI do art. 150 da CF/88, esteja previamente determinada no Texto Supremo. Quanto a essa exceção, foi visto que, em alguns casos, a Constituição não fez a previsão do trato da matéria pela norma complementar; no entanto, os critérios interpretativos apontarão este instrumento como adequado.

7. A respeito do âmbito de validade pessoal da lei complementar, nem sempre a lei complementar é lei nacional, necessitando, para tal conclusão, da análise do destinatário da norma.

8. Lei nacional será aquela destinada a todas as ordens jurídicas parciais – União, Estados, Distrito Federal e Municípios –; com finalidade extraída do equilíbrio consagrado pela Constituição, é lei a serviço da Federação. Lei federal é aquela destinada a um dos entes da Federação; com competência – privativa ou residual – materialmente delineada pela Constituição, é lei a serviço de ente da Federação.

9. Quanto às finalidades da lei complementar, tanto a corrente que classifica a lei complementar em face da hierarquia, quanto a que classifica a lei complementar em face da eficácia dos dispositivos constitucionais, podem ser utilizadas em conjunto quando o intérprete busca o preciso esclarecimento a respeito do tipo de lei complementar em estudo.

10. À luz da Constituição de 1988, conceitua-se lei complementar como o instrumento legislativo elaborado pelo Congresso Nacional, com a observância dos

Lei Complementar Tributária na Constituição de 1988 **109**

requisitos material e formal, cuja função é a de integrar a Constituição às ordens parciais. É lei que possui dúplice atuação: ou é lei nacional, de maneira a integrar as ordens parciais da União, dos Estados, do Distrito Federal e dos Municípios; ou é lei de integração imediata (federal), quando dará eficácia a normas constitucionais predeterminadas.

11. Com relação ao problema da superioridade ou não da lei complementar frente à lei ordinária, destacamos que a hierarquia entre os instrumentos pode ou não ser caracterizada, de acordo com a existência do fundamento de validade. No caso, a lei complementar somente será superior à ordinária quando forem estabelecidas, pela primeira, as diretrizes formais ou materiais a serem observadas pela segunda. Outras leis complementares – as quais não fundamentam a validade de normas diversas, bem como as que possuem a referida atribuição por uma questão meramente de *quorum* – não possuem superioridade alguma, podendo, conforme o caso, inclusive ser alteradas ou revogadas por leis ordinárias.

12. Ao dirigirmos o estudo especificamente à lei complementar de Direito Tributário prevista no art. 146 da Constituição de 1988, entendemos que a lei que dispõe sobre conflitos de competência entre os entes da Federação é uma lei de normas gerais de Direito Tributário. Entretanto, a que viria a prever a regulação das limitações constitucionais ao poder de tributar é irrelevante para o sistema, já que as limitações são direitos fundamentais e por isso são normas de eficácia plena – não necessitam de qualquer complementação.

13. As normas gerais em matéria de legislação tributária possuem eficácia por todo o território nacional, vinculando as pessoas políticas União, Estados, Distrito Federal e Municípios. Cumpre referir, ainda, que o alcance das normas gerais é regulado por dispositivos constitucionais que atribuem, inclusive aos outros

entes da Federação, a possibilidade de legislar suplementarmente a respeito do tema.

14. O Código Tributário Nacional é um instrumento de normas gerais, o qual foi recepcionado pela Constituição de 1988 como lei materialmente complementar quando dispõe, dentre outras matérias, sobre as normas gerais de direito tributário.

15. Com relação à problemática gerada em face do conflito do Código Tributário Nacional frente à Lei da Seguridade Social, no trato dos prazos da prescrição e da decadência tributárias, permanece válido o disciplinado no CTN – prazo de cinco anos. Essas matérias foram constitucionalmente atribuídas às normas gerais; em momento algum, na forma como estão dispostas, restringem, impedem ou anulam o exercício da autonomia federativa nacional.

16. Na dicção constitucional, normas gerais em matéria de legislação tributária são aquelas que possuem atuação uniformizadora, para evitar possíveis invasões de competência. São normas que, explicitando os meandros constitucionais, atuam sem restringir a liberdade dos contribuintes ou substituir a outorga constitucional, estabelecendo critérios delineadores às pessoas políticas da Federação enquanto agentes legislativos parciais, especialmente com relação aos seguintes temas: a) definição de tributos e de suas espécies, descendo aos pormenores dos assim requisitados pela Constituição; b) definição em relação aos impostos discriminados na Constituição, dos respectivos fatos geradores, da base de cálculo e dos contribuintes; c) obrigação, lançamento, crédito, prescrição e decadência tributários; d) definição de tratamento diferenciado e favorecido para as microempresas e para as empresas de pequeno porte, inclusive no tocante ao estabelecimento de regimes especiais ou simplificados para o ICMS e para as contribuições sociais dos artigos 195, I, e 239, da CF/88.

Lei Complementar Tributária na Constituição de 1988 **111**

Referências bibliográficas

AMARO, Luciano. *Direito Tributário Brasileiro*. São Paulo: Saraiva, 2002.

ATALIBA, Geraldo. *Lei complementar na Constituição*. São Paulo: Revista dos Tribunais, 1971.

———. *Lei Complementar em Matéria Tributária*. Conferências e Debates. *Revista de Direito Tributário*. São Paulo: Revista dos Tribunais, n° 48, 1989. Palestra proferida no Curso de Direito Tributário - Sistema Tributário na Constituição de 1988, 1989, São Paulo.

ÁVILA, Humberto Bergmann. *Teoria dos Princípios – Da Definição à Aplicação dos Princípios Jurídicos*. São Paulo: Malheiros, 2003.

———. *Sistema Constitucional Tributário*. São Paulo: Saraiva, 2004.

BARACHO, José Alfredo de Oliveira. *Teoria Geral do Federalismo*. Belo Horizonte: FUMARC, 1982.

BASTOS, Celso Ribeiro. *Curso de Direito Constitucional*. São Paulo: Saraiva, 1997.

———. *Lei Complementar - Teoria e Comentários*. São Paulo: Celso Bastos, 1999.

BONAVIDES, Paulo. *Curso de Direito Constitucional*. São Paulo: Malheiros, 1997.

BORGES, José Souto Maior. *Lei Complementar Tributária*. São Paulo: Revista dos Tribunais, 1975.

CANOTILHO, J. J. Gomes. *Direito Constitucional e Teoria da Constituição*. Coimbra: Almedina, 2000.

CARRAZZA, Roque Antonio. *Curso de Direito Constitucional Tributário*. São Paulo: Malheiros, 2001.

CARVALHO, Paulo de Barros. *Curso de Direito Tributário*. São Paulo: Saraiva: 2000.

COELHO, Sacha Calmon Navarro. *Comentários à Constituição de 1988 - Sistema Tributário*. Rio de Janeiro: Forense, 1991.

———. *Curso de Direito Tributário Brasileiro*. Rio de Janeiro: Forense, 2001.

DERZI, Misabel de Abreu Machado. "Notas". In BALEEIRO, Aliomar. *Limitações Constitucionais ao Poder de Tributar*. Rio de Janeiro: Forense, 1999.

ESTEVES, Maria do Rosário. *Normas Gerais de Direito Tributário*. São Paulo: Max Limonad, 1997.

HORTA, Raul Machado. *Estudos de Direito Constitucional*. Belo Horizonte: Del Rey, 1995.

MACHADO, Hugo de Brito. Posição Hierárquica da Lei Complementar. *Revista Dialética de Direito Tributário*, São Paulo: Oliveira Rocha, n° 14, 1996.

MARTINS, Ives Gandra da Silva. A Função da Lei Complementar Tributária - Legalidade do Decreto n° 3070-99 e da I.N. - SRF 060/99 - Possibilidade de Adoção de Imposto Fixo no Direito Tributário Brasileiro. *Revista Dialética de Direito Tributário*, São Paulo: Oliveira Rocha, n° 65, 2001.

MELLO, Celso Antônio Bandeira de. *Curso de Direito Administrativo*. São Paulo: Malheiros, 2001.

MIRANDA, Jorge. *Manual de Direito Constitucional - Constituição e Inconstitucionalidade*. Coimbra: Coimbra, 1996.

MIRANDA, Pontes de. *Tratado de Direito Privado*. Rio de Janeiro: Borsoi, 1970. 1 v.

PAULSEN, Leandro. *Direito Tributário - Constituição e Código Tributário à Luz da Doutrina e da Jurisprudência*. Porto Alegre: Do Advogado, 2001.

REIS, Elcio Fonseca. *Federalismo Fiscal - Competência Concorrente e Normas Gerais em Direito Tributário*. Belo Horizonte: Mandamentos, 2000.

———. As Normas Gerais de Direito Tributário e a Inconstitucionalidade do Prazo de Decadência e Prescrição Fixados pela Lei 8.212/91. *Revista Dialética de Direito Tributário*, São Paulo: Oliveira Rocha, n° 63, 2000.

SEHN, Sólon. A Lei Complementar no Sistema de Fontes do Direito Tributário. *Revista Dialética de Direito Tributário*, São Paulo: Oliveira Rocha, n° 82, 2002.

SILVA, José Afonso da. *Curso de Direito Constitucional Positivo*. São Paulo: Malheiros, 2002.

TEIXEIRA, José Horácio Meirelles. *Curso de Direito Constitucional*. Rio de Janeiro: Forense Universitária, 1991.

TÔRRES, Heleno Taveira. Código Tributário Nacional: Teoria da Codificação, Funções das Leis Complementares e Posição Hierárquica no Sistema. *Revista Dialética de Direito Tributário*, São Paulo: Oliveira Rocha, n° 71, 2001.

———. Funções das Leis Complementares no Sistema Tributário Nacional - Hierarquia de Normas - Papel do Código Tributário Nacional no Ordenamento. *Revista de Direito Tributário*, São Paulo: Malheiros, n° 84, 2002.

Impressão:
Editora Evangraf
Rua Waldomiro Schapke,77 - P. Alegre, RS
Fone: (51) 3336-2466 - Fax: (51) 3336-0422
E-mail: evangraf@terra.com.br